MASTERS
METHOD

内野守備の新常識

4ポジションの鉄則・逆説&
バッテリー・外野・攻撃との関係

井端弘和 著

廣済堂出版

内野守備の新常識

はじめに

野球を大まかに分けると、「打つ」「守る」「走る」という3つの要素になる。「打撃は水もの」という言葉があるように、バッティングには好不調の波がある。また、走力、とくに盗塁も、メンタルの調子や肉体の疲れなどに左右される。

しかし、守備まで「水もの」だったら、安定した活躍はできないだろう。いつエラーするかわからない選手は、監督も試合で使いにくいものだ。守備は1人の選手のエラーが1点にはとどまらず、大量失点につながる危険もある。ダブルプレーで3アウト、という場面で内野手が悪送球をしてしまい、ランナーが全員生還。さらにピンチと悪い流れが続くシーンをプロの試合でもいやというほど見てきた。

選手にとって、守備力を高めることがいかに有益か。若いうちにしっかりとした守備の技術を身につけ、その不安がなくなれば、バッティングに集中できるという大きなメリットがある。また、ベテランになって身体能力が衰えることはあっても、守備の技術が衰えることはほとんどない。守備力の高い選手が多いチーム、とくにボールに触れる機会が多く、繊細なプレーや勝負どころでの瞬時の判断力が問われがちな内野手がしっかりしているところは、守備から崩《くず》れることが少ないため、試合運びに安定感が出るのだ。

そうしたことをふまえ、本書では、私が長く経験してきた「内野守備」の技術、思考のすべてを注ぎ込んだ。これまで何度か著書を出版させていただいたが、守備だけ、しかも内野守備に特化して掘り下げ、実用的な徹底解説をする書籍を刊行させてもらうのは初めてだ。

私は1997年秋のドラフトで5位指名を受け、中日ドラゴンズに入団した。プロとしては体が小さく、その指名順位からもわかるとおり、入団前にさほど高い期待を受けていたわけでもない。そんな私が数々のホープを差し置いてレギュラーに抜擢《ばってき》されたきっかけは、守備を評価されたことだった。それ以降、ショートの私とセカンドの荒木雅博《まさひろ》で組んだ二遊間は、「アライバコンビ」として、ファンの方には熱い応援をいただいた。守備の最大の栄誉であるタイトル「ゴールデングラブ賞」は、7度も受賞することができた。

2014年には、読売ジャイアンツに移籍。それまであまり経験しなかったサード、ファーストを含め、内野全4ポジションで出場機会を得た。この経験は、私の内野手としての視野を大きく広げてくれた。とくにファーストの難しさ、奥深さを知ったのは大きな収穫だった。

現役引退後は巨人の内野守備・走塁コーチに就任し、3年間指導現場に立った。坂本勇人《はやと》の安定感が増し、吉川尚輝《なおき》、岡本和真《かずま》ら若い有望株が日々成長していく姿を見て、僭越《せんえつ》ながら自分のやってきたこと、教えてきたことは間違いではなかったと確信を深めている。

また、17年からは侍ジャパンの内野守備・走塁コーチ、さらに19年からは強化本部編成戦略担当も兼務となり、多くのトップクラスの選手たちと接してきた。

このように長きにわたって野球に携《たずさ》わり、内野4ポジションを体験する中で、一般的に語られる技術論に違和感を覚えることも少なくなかった。技術向上を阻害しているとしか思えない声かけをしている指導者も、数えきれないくらい見てきた。

例えば、私の内野守備における基本的な考え方は、「正面で捕る」ことだ。しかし、世間で言われる「正面」と、私の考える「正面」には、定義にギャップがある。巷《ちまた》にあふれている「正面で捕る」は、どんな打球でもボールの目の前に全身を入れる形。逆シングルなどは邪道……という考え方だろう。だが、私の考える「正面」では、ある基準を満たせば、逆シングルも「正面」になる。私も現役時代は、よく逆シングルで打球を処理した。

本書では指導現場で語られがちな「正面で捕れ」、あるいは「前に出ろ」といった言葉の本質、既存の常識についても論じた。私は、それが正しいやり方だとは思っていない。アップデートした新常識を定着させ、未来のプロ野球選手の育成に役立てていただけたらと思う。

本の構成としては、前半で、ファースト、セカンド、サード、ショートの内野4ポジションの特性、守りの注意ポイントなどを個別に説明。内野守備全体の技術面としては、基礎編、応用編、そして、裏技も一部含んださらなるハイレベル編など、段階を踏んで解説している。また、プロ球界の新旧名内野手の列伝コーナーも収録。各選手から読者の方が学べるポイントも記した。本の後半では、プレーヤーではなく指導者へ向けた章も設定。国際舞台や将来も見据《みす》えた日本野球の底上げのための内野守備論も展開させていただいた。

また、現役時代にライバルチームのショートとして戦った鳥谷敬《たかし》（阪神タイガース）とも、「内野守備」をテーマに対談させてもらった。鳥谷はショートとして長く第一線でプレーし、一時はサード、セカンドなどの他ポジションを経験。30代後半になって、ショートに戻ってきた。私も同じ体験をしたし、鳥谷の守備スタイルにも自分と通ずるものを感じていた。また、13年のWBC（ワールド・ベースボール・クラシック）で死線をくぐり抜けた仲間でもある。今回、改めて語り合って新たな発見や意外な発言もあったので、ぜひお楽しみいただけたらと思う。最後には、私と鳥谷で内野守備のオールスターメンバーを選定してみた。みなさんが考える守備の名手が入っているかどうか、ご確認いただきたい。

このように、本書は内野守備の深淵《しんえん》な世界をとことん探求した一冊となっている。その一端《いったん》でも感じてもらえたらうれしい。選手・指導者への実用的にも、ファンの方が観戦する際のガイドにも使っていただけると幸いだ。なお、特別なことわり書きがない限り、内野技術の体の使い方に関して、右投げの選手を前提としていることをご了承いただきたい。

井端弘和

内野守備の新常識――目次

第5章

超ハイレベルの内野守備戦略と裏技～門外不出のプロの奥義《おうぎ》～

特別対談 中編

井端弘和×鳥谷敬 ショートと他ポジション比較＆グラブ談義

第6章 内野手列伝Part1 かつてともに学び、競い合った名手の技 165

第7章 内野手列伝 Part2 現役トッププレーヤーに学ぶポイント

第8章 指導者へ伝授！ 内野守備の教え方～選手の力を伸ばすために～ 209

第9章 世界で通用するための内野守備～日本球界の発展へ向けて～ 235

第1章

「井端流」内野守備の新常識

～本当に知っておきたい守りの鉄則～

大事なのは「エラーをしないこと」

本章では、この本のテーマである内野守備に関しての私の基本的な考え方を述べたい。

野球という競技は、守備の際、9人がポジションにつく。バッテリーの2人を別扱いとすれば、ダイヤモンドを中心としたエリアを担当する4人の内野手と、それより外のエリアを担当する3人の外野手に分けられる。どちらがより重要かは一概《いちがい》に言えないが、試合の中でボールに触れる機会が多いのは圧倒的に内野手だ。さらに言えば、各ポジションの専門性も、内野手のほうが高い。長いプロ野球界の歴史において、内野手から外野手への転身は珍しくなくても、逆パターンは過去に例がかなり少ないことからもわかる。また、外野の中でのコンバートはよくあるが、それが内野となると、よほどの経験がないと簡単にはいかない。

このように、外野手よりも内野手のほうが求められる動きは複雑で、専門的だ。私もときにそう呼んでいただくこともあったが、「守備職人」というキャッチフレーズがしっくりくるのは、ほぼ内野手に限られる。それだけ奥が深いということだ。

私が考える内野守備で最も大事なことは、まず「エラーをしないこと」だ。プロである以上、華やかに見せることも大事ではある。しかし、大前提として、「取れるアウトを確実に取る」ということこそ、プロの条件だと考えている。現役時代はいつもそのことを胸に刻んでプレーしていたし、コーチになってからも若い選手に伝えてきた。

技術が発展途上のアマチュア選手であれば、まずは形をしっかり作ることも大事。ただ、プロならば、形はどうあれ、アウトにすればいい。それくらいの割りきりが必要だし、そのための練習をしなければならない。具体的な方法論は、このあと詳しく述べていこうと思う。

私はゴールデングラブ賞を最初に受賞した2004年の前後から、年間通してエラー数を5個程度におさめていた。当時のセントラル・リーグのショートには、絶対的な名手として宮本慎也《しんや》さん（元東京ヤクルトスワローズ、現東京ヤクルトヘッドコーチ）が君臨しており、その牙城《がじょう》を崩《くず》すために、「エラーをしない」ということを強く意識した。

もちろん、エラーの数は指標の1つでしかない。それでも、「エラーをしない選手」というイメージが定着すると、どうなるか。起用してくれた監督やマウンドで投げる投手、まわりで守るチームメイトから信頼を勝ち取れることになる。「あいつのところに飛んだら安心だ」と思わせたら、しめたもの。たまにエラーを犯しても、「あいつがエラーするなら、しょうがない」と、いい意味であきらめてもらえるのだ。

私より年上の選手で言えば、宮本さんはもちろんそんな存在だった。年下の選手では、鳥谷敬《たかし》（阪神タイガース）も堅実だ。鳥谷は内野が土のグラウンドの甲子園球場を本拠地にしながら、全盛期は年間4~5個のエラーだった。人工芝と比べてイレギュラーバウンドをするゴロが多いにもかかわらずこの数字は、驚異としか言いようがない。

ショートで言うと、18年のセ・リーグのゴールデングラブ賞受賞者である田中広輔《こうすけ》(広島東洋カープ)にも、「形はどうあれ、エラーしない」という気概《きがい》を感じる。田中は天然芝のマツダスタジアム(MazdaZoom-Zoom スタジアム広島)を本拠地にしているが、18年のエラー数はわずか7個。日本の天然芝の球場はバウンドの跳《は》ね方が予測しづらく、非常にミスが出やすい環境の中でこの数字なのだ。

普段の試合はもちろん、練習でも周囲から認められるだけの取り組みができているかどうか。プロの一軍で生き抜くには、それだけの日々の積み重ねが必要になる。こんな大前提を押さえたうえで、プロならではの華やかさを追求する。この順番を間違えてはならない。

「前に出ろ」の指導は害悪。むしろ「前に出るな!」

内野手が取れるアウトを確実に取るためには、どうすればいいか。

私が少年野球を含めて野球の指導現場を見て強く感じるのは、「捕る」という動作が疎《おろそ》かになっていること。とくに指導者は、選手に「早く投げさせたい」という思いがあるからか、ゴロに対してなんでもかんでも「前に出ろ！」と指導することが多い。

しかし、私の考えは違う。内野ゴロが飛んできたときに打者走者をアウトにするには、まず「捕る」ことが大事なのだ。そして捕る体勢が悪ければ、次の「投げる」動作にも悪い影響を及ぼす。いかにして「捕る」という形を身につけるか、それが守備上達の第一歩だ。

では、どうすれば、その動作が身につくのか。それは「早めの準備」に尽きる。打球に対して早めにグラブを地面に着け、捕球の体勢に入ることだ。私も身に覚えがあるが、多くの内野手は少年野球のころから「前に出ろ」という指導を受けてきているため、捕球直前になってようやく捕る構えに入る傾向がある。だが、それでは遅い。

打球に対して、「準備して、待っている」くらいの感覚でちょうどいい。準備ができていない段階で捕りにいけば捕球ミスにつながるし、スローイングも乱れやすくなる。

プロで指導していて、いくら選手に「早めに準備しろ」と言っても、まだ準備が遅い場合が多い。そんな選手には、「最初のバウンドが着いた段階で構えに入りなさい」と伝えた。実際にそのとおり行うと早すぎるのだが、準備が遅い選手はそれぐらいのイメージでやると、ちょうど良くなるものだ。練習ではあえて極端に、「一歩も前に出るな」と言ったこともある。それができるようになったら、徐々に打球との距離を詰めていくのだ。

プロ野球選手の動きを参考にするなら、ファーストやサードの両サイドを守る内野手を見てみるといいだろう。岡本和真《かずま》（読売ジャイアンツ）、宮﨑敏郎《としろう》（横浜ＤｅＮＡベイスターズ）などは、とくに準備が早い。極端に言えば、打者のバットに当たる前からグラブを地面に着けて、打球を待っているような感覚だ。

メジャーリーグの内野手にしても、日本人選手に比べて準備が早い。注意深く見てみると、勢いが死んだボテボテの打球でない限り、待って捕っていることがわかるはず。

すでに「前に出ろ」という指導に染まっている選手は、その習慣を忘れることから始めてみてほしい。ボテボテのゴロなら別だが、だいたいのゴロは前に出るより待って捕ったほうが確実だし、十分アウトにできる。

守備が良くなれば、打撃も良くなる

私が声を大にして伝えたいのは、「守備が向上すれば、打撃も向上する」——そんな相乗効果があることだ。例えば、先に述べた「準備を早くする」ということは、打撃にも通ずる。タイミングのとり方は人それぞれやりやすい形はあるものの、投手のレベルが上がれば上がるほど始動は早いほうがいい。

また守備の「投げる」という動作も、「打つ」動作と本質的には同じだ。打つ際にヒッチ（グリップを上下動させる動き）やコック（「トップハンド」と呼ばれる上の手の手首を投手側に傾ける動き）を入れると、少年野球では怒られるかもしれない。だが、プロで一流と呼ばれる選手は、打つにしても投げるにしても直線的に体を使うような選手はほとんどいない。ボールを投げる際に利き腕を上げて、そのまま真っ直《ます》ぐ腕を振るわけではないのと同じように、打つ際にヒッチもコックも禁じてしまえば、直線的に動かすしかなくなる。それでは高いレベルの打者が育つはずがないのだ。

打つことと守ることを分けて考えてしまうから、よけいに難しく感じるのではないだろうか。私はプロで守備から評価されてレギュラーになったが、「守備のように打てば、バッティングも良くなる」というイメージで取り組んでいた。そう考えれば、技術的にどんどん向上したし、精神的にもグッとラクになる。

私以外にも、宮本慎也さんや川相昌弘《かわいまさひろ》さん（元巨人、中日ドラゴンズ）も守備からレギュラーになり、打撃が向上したタイプ。捕手で言えば、「甲斐《かい》キャノン」で一躍有名になった甲斐拓也《かいたくや》（福岡ソフトバンクホークス）もスローイングなどの守備面が評価されて試合に出ているうちに、打撃もそれなりのレベルになってきた。

一度でもゴールデングラブ賞を受賞してしまえば、「もう誰にも手渡したくない」と思うもの。だから、自分の弱点を克服しようという発想につながっていく。

逆にバッティングが得意で守備が苦手という選手は、バッティングのように守備をすればいい。ボールを打つ形を捕る形、投げる形へとつなげていけば、両方身につくはず。打つことと守ることを分けて考えると、両方悪くなりかねない。

これは私の勝手なイメージだが、坂本勇人《はやと》(巨人)などは打撃が評価されてレギュラーに定着し、のちに守備力がついてきたタイプだと感じる。横浜(現横浜DeNA)ベイスターズでデビューした村田修一(元巨人など、現巨人ファーム打撃兼内野守備コーチ)、埼玉西武ライオンズ時代に台頭し、現在は巨人に在籍する中島宏之《なかじまひろゆき》(旧登録名:裕之《ひろゆき》)、それに鳥谷敬もその系統ではないだろうか。どんなに打撃がいい選手でも、注目されていくうちに「不格好な守備は見せられない」という考え方になっていくものだ。

守備から入るか、バッティングから入るか、その順番は人それぞれ。でも、多くの人にとってレギュラーへの近道になるのは守備だろう。たとえバッティングが良くても、守備がひどければ、なかなか試合には使ってもらえない。とくに二遊間の選手はその傾向が強い。まずは守備をしっかり身につけ、試合に出るための足固めをして、バッティングに結びつけていく。それが野球選手としてのし上がっていく王道の順番のはずだ。

1つ注意したいのは、右投げ左打ち(もしくは、左投げ右打ち)の選手のこと。この場合は、打つ動作と投げる動作の体の使い方が真逆《まぎゃく》になるため、頭を柔軟にしてイメージを当てはめながらマスターしていく必要があるだろう。動き方の順番を間違えてしまうと、不自然な動作になってしまう。もし左打ちが思うようにいかない選手は、左投げ左打ちの選手に感覚を聞いてみるのも1つの手だ。

慎重さと大胆さをうまく出し入れできる選手こそ、一流の内野手

内野手に向いているのは、どんな人だろうか。まずは性格面を考えてみたい。

個人的には、最低限の慎重さがあるタイプがいいと思っている。内野手は様々な変化に瞬時に対応しなければならない。ゴロは常に一定のバウンドをするわけではないし、イレギュラーだってある。状況が目まぐるしく変わる中で、最適な判断を迫られる。大雑把《おおざっぱ》な性格の人よりも、細心さがあり、多少疑《うたぐ》り深いくらいのほうが向いているだろう。

平凡な打球を見て、「なんだ、簡単だ」と安易にさばきにいく選手は、1年間を通して見ればエラーが多くなってくる。そんな選手は得てして厳しい打球を苦もなくさばいてみせるものだが、逆にイージーミスが多くなり、まわりからの信頼を勝ち取るのは難しい。

かといって慎重すぎるのも考えもので、ミスを恐れるあまり大胆なプレーができない。やさしいゴロこそ丁寧《ていねい》に。難しい打球ほどアグレッシブに。そんな慎重さと大胆さをうま

く出し入れできる選手こそ、一流の内野手の気質を持っていると言っていい。

巨人でチームメイトだった坂本は、若手時代、スーパープレーをする代わりにイージーなゴロを弾《はじ》くシーンも目立った。意識が打撃にいってしまうのか、守備への細心さが欠けている印象もあった。私は巨人に移籍してから、土のグラウンドと天然芝、人工芝の跳ね方の違いについて坂本と話をするようになったが、当初はそこまで強いこだわりがないように感じられた。とはいえ、坂本の思いきりの良さは攻守にいい作用をもたらしていた。「ここが勝負だ!」という場面で思いきってプレーができるかどうか。そこが一流と二流を分けると言っても過言ではないだろう。

先にも述べた「エラーをしないこと」にも通ずることだが、内野手が簡単なミスをした場合に、チーム全体へ及ぼす影響は大きい。ベンチで試合を見ていて、「打ち取った」と思う打球を内野手がエラーしてしまった瞬間、その場でガクッと落胆してしまう。たとえチャンスで打てなくても、そこまでチーム全体の士気が落ちることはまずない。守備のミスは、それだけダメージが大きい。

さらに守備のミスのたちが悪いのは、それがきっかけになって、3点、4点とビッグイニングへとつながっていくことだ。ダブルプレーで3アウトだと思った瞬間に送球が乱れてランナーが残り、ピンチが続いて連打で大量失点……というケースも数多く見てきた。

堅実な守備が持ち味ながら、大胆なプレーも見せてゴールデングラブ賞7回の現役時代の著者。

たとえ記録に残らないミスでも、守備では命取りになることがある。

最近の野球界を見ていると、守備よりも打撃の重要性が説かれ、やや打撃偏重になっているように感じる。だが、1人の打者の力で、3点も4点もあげることは非常に難しい。

一方、守備は1人のミスが引き金になって、相手に3点も4点も平気で許してしまう。私もコーチを経験してみて、改めて守備の重要性を痛感した。

18年まで私は巨人で内野守備・走塁コーチを務めていたが、若手の吉川尚輝《なおき》や岡本和真には、いつも口を酸《す》っぱくして伝えていた。「自分のエラー1つで、相手に3点、4点をあげるようなものだ。自分で打って3打点、4打点稼ぐ喜びよりも、自分のミスで3点、4点失うショックのほうが大きいんじゃないのか?」と。

内野手がミスすることの重みは、考えすぎてプレッシャーになってしまう可能性もあるものの、大いに感じておく必要はあるだろう。

守備範囲とは、「ミスなく捕れる範囲」

さて次に、身体的な要素で内野手に向いている選手とは、どのようなタイプだろうか。

もちろん足が速いとか、股関節《こかんせつ》を柔らかく使えるとか、身体能力が優れているに越したことはない。だが、体格も身体機能も個人差があるのは当たり前だ。

例えば、「内野手は全員、これだけの範囲を守れなければならない」と言われても、こなせるかどうかは、人それぞれ。なによりも大事なことは、「自分が捕れる範囲をミスなくこなす」ということだ。

私の巨人コーチ時代の教え子を例にとると、足の速い吉川尚輝と足が速くない岡本和真では、守備範囲に大きな差がある。吉川なら捕れても、岡本には捕れないという打球が多くなるのは当然だ。

だが岡本に、吉川並みに守備範囲を広げることは求めない。むしろ自分が捕れる範囲で丁寧さを求めたほうがいい。一方の吉川は動きこそ機敏だが、スピードがありすぎるために、動きにストップをかけられないところもある。せっかく驚異的な運動量で打球に追いついても、そこから切り返して送球するとなると、体に強烈なダメージがかかる。それは、年間フルに戦うプロの世界ではマイナスに作用する恐れもあるのだ。だから、吉川に対しては、動きをセーブするための練習にも取り組んできた。広い範囲まで打球を捕れる内野手がすごいのではない。ミスなく守れる範囲が広い内野手がすごいのだ。

18年にゴールデングラブ賞を初受賞した源田《げんだ》壮亮《そうすけ》（埼玉西武）も、守備範囲が広いショートと言える。源田には吉川のような「自分の動きを制御できていない」という感じはないものの、やはり動きすぎてしまうがゆえの弊害《へいがい》を感じることはある。恐らく30歳を過ぎて今のように目いっぱい動けなくなったころに、ショートとして真価が問われるのではないか。源田には、そのときまでに基本をみっちりと身につけておいてもらいたい。

まずは、自分の能力に合った守備範囲をミスなく守れるようになることから。そのうえで起用されるかどうかは、チーム全体や選手の総合力を見て監督が決めることだ。

井端理論なら、「逆シングル」でも「正面で捕る」ことになる

私は、技術に正解はないと思っている。だが、「基本」は確実に存在すると考えている。誰しも肉体的な衰えが来る。今まで追いつけた打球が追いつけない。自分のイメージどおりに体が動かない。そんなとき、自分を救ってくれるのが、若い時期に身につけた基本だ。かく言う私も、若手時代は「基本なんて……」と冷めた見方をしていた。しかし、30歳を過ぎて体が動かなくなってきて、若いころのようにはいかないことを自覚するようになって、考え方が変わった。衰えをなにでカバーするかと言えば、グラブさばきや捕球してから握り替えるまでの速さといった技術になる。そうしたことを突き詰めていくと、「基本」にたどり着いたのだった。

ただ、「もっと早く、自分の体が思うように動いていた時期に、守備の基本の重要性に気づいていれば……」という後悔もあった。だから、自分が指導者になってからは、徹底して、「基本さえやっておけば、あとで生きてくる」と言い続けている。

すると、最近になって、巨人のショートを守る坂本勇人が、「基本は大事ですね」と実感を込めて口にするようになってきた。坂本は年齢こそ30歳を超えたばかりだが、プロで通算1500試合以上に出場しており、キャリア的にはベテランと言っても差しつかえないだろう。体への負担もかなり蓄積されている中で、基本の重要性に気づいてくれたのかもしれない。私としても、言ってきた甲斐があったと、うれしくなった。

いずれプロに入りたての若い選手が、口を揃《そろ》えて「基本が大事」と言うような時代が来れば、日本野球の守備のレベルはもっと向上するはずだ。

それでは具体的に、守備、そして内野守備の「基本」について考えていこう。まず、野球界全体に広まっている大きな誤解を1つ解いておきたい。

それは、「正面で捕る」という言葉だ。私自身、「正面で捕る」ことは守備の大きな基本だと考えている。ただ、一般的に浸透している「正面」とは、意味合いが違う。

私は、中学まではおもにピッチャーとしてプレーし、高校に入ってから本格的に内野手に転向した。当時から指導者に「正面で捕れ」と言われていたが、私には疑問があった。

「正面に入ったところで、投げる体勢が悪くてファーストまで届かない送球になったら意味がないじゃないか」と思っていたのだ。

そこで指導者が言う「正面」ではなく、「こっちのほうが一塁まで早いんじゃないか？」ということを試していくうちに、「全部、ヘソが中心なんだな」ということに気がついた。

多くの選手は、指導者から「正面で捕れ」と言われると、どんな打球であろうとボールの目の前に体全体を持っていこうとする。だが、それは私の考える「正面」とは違う。

本当の「正面」とは、言い換えれば、「ヘソの前」だ。つまり、体の中心となるヘソの前にグラブがあるということ。だから、たとえ逆シングルだろうと、ヘソの前にグラブがあれば、「正面」になる。

日本人内野手が「逆シングルがへた」と言われる要因は、正面（ヘソの前）にグラブを持っていけず、腕だけで捕ろうとする（ヘソの前からグラブが外れた状態になる）からだ。

私が考える守備の最も重要な基本「正面で捕る」は、つまり、「体の中心から外れるところで捕るのはやめよう」ということ。私は、横を向いて捕ることは好きだった。それは、体に無理な負担がかからず、ラクにプレーできたからだ。世の中のイメージは、「基本＝しんどい」という図式だろう。だが、私の中では、「基本＝ラク」なのだ。

「ラク」と書くと、横着《おうちゃく》しているように感じられるかもしれない。要は基本をマスターしていれば、体にとって自然で、よけいな疲労がたまらない動きになるということだ。体が前を向いているから「正面」なのではない。ヘソの前にグラブがあれば、人間は360度どの角度を向いていても、「正面」を作れるのだ。逆シングルで捕ればスムーズに次の動作に移れるのに、わざわざ無理して打球の真ん前まで体を入れる必要はまったくない。

こういう視点でプロ野球の試合を見てみると、うまい内野手は自然とヘソの前で打球を捕っていることに気づかされるはずだ。

いつか少年野球からプロ野球まで、「正面」の定義が「ヘソの前」に統一される日が来ることを祈っている。指導者の苦労も減り、内野手のレベルは間違いなく上がると思う。

歩くように捕るべし

正面で捕ることと同じくらい大切なことは、「足が止まらないこと」だ。

なにも足を常にバタバタと動かして捕りにいくという意味ではない。人間の体の構造に合った動きをするために、足を左右規則正しく出していくということだ。人間は普通に歩いていれば、よっぽど長時間にわたって歩き続けない限りは疲れることはない。右足を出せば、次は左足が出る。その連続である「歩く」動作こそ、人間にとってラクな動きなのだ。

ところが、守備がうまくない人の動きを見ていると、右足が出て、さらに続けて右足が出る……という人が意外と多い。当然、人間にとって不自然な動きになり、周囲からもバタついているように見える。

逆にうまく見える選手は、右足が出れば次は左足、さらに次は右足……という順番に足が出ていく。本来、人間に備わった動きだからこそ、スムーズに見えるのだ。

現役のプロ野球選手で参考になるのは、大和《やまと》（横浜DeNA）の足さばきである。流れるような足の動きを、ぜひ見てもらいたい。

私が現役時代に驚愕《きょうがく》したのは、名内野手として知られた久慈照嘉《くじてるよし》さん（元阪神・中日、現阪神内野守備・走塁コーチ）の足さばきだった。当時は後ろからノックを見ていても、どう動いているのかがわからなかったほど。大和も久慈さんに近づけるだけの素養は持っていたはずだが、阪神にいた若いころにチーム事情のため外野手に転向してしまい、本来内野手として洗練されていくはずの時期を外野手としてすごしてしまったのは残念だった。

私は不自然な足の運びをする選手に対し、「歩くように捕りなさい」とアドバイスを送っていた。プロでも若手選手にはそんな練習ばかりさせていた。「右足が出たら次は左足が出るんだから、歩いてボールを捕りにいきなさい」と。具体的な練習方法はのちに詳しく解説するとして、だいたいの選手はこの「歩いて捕る練習」をすることで、足の運びを覚えられる。

体の中心で捕ることと、歩くような足運びをすること。この基本を覚えるだけで、内野守備はまったく別人のように変わってくるはずだ。

内野手に、「振りかぶるキャッチボール」は必要ない

野球チームに一度でも入ったことがある人なら、指導者から必ず、「キャッチボールが大切だ」と教わってきたことだろう。私自身もそう教わってきたし、自分の意図したところに投げられなければプロじゃないとも思う。ただ、「スローイングが悪い」と言われている選手の多くは、ある共通点があるように感じる。

それは、投げる以前に「捕り方が悪い」ということだ。

ごく普通にキャッチボールをやっていて相手の胸にコントロールできない人は、根本的に投げ方が悪いのだろう。その一方で、キャッチボールでは相手の胸周辺にコントロールできるのに、守備練習や実戦でのスローイングが悪いという選手もいる。こんな選手はプロでも多いのだが、だいたいは捕球の体勢に問題があることが多い。前述したように体の中心で捕れていないので、不安定な体勢でスローイング動作に移るため送球が乱れやすいのだ。

もう1つ、内野手のキャッチボールについて言っておきたいことがある。それは短い距

離のキャッチボールでの投げ方だ。プロの世界に入ってくる新人を見ていても、思わず「お前はピッチャーか！」と突っ込まずにはいられないようなダイナミックなフォームで投げ込む内野手がいる。肩を作るために遠投をする際に、体全体を使って投げるのは理解できる。だが、実戦でも投げる機会がありうる距離で、まるで投手のように振りかぶって投げる意味がわからない。塁間くらいまでの短い距離なら、捕って投げる、捕って投げる……のスナップスローでテンポ良く投げる訓練をするべきではないか。

私自身、アマチュア時代からそういうイメージでキャッチボールをやってきたが、より強く意識するようになったのは、プロ入り後、20代なかばにして一軍でプレーするようになってからだ。とくに影響を受けたのは、03年に阪神から中日に移籍してきた前述の「守備の名手」久慈照嘉さんだった。久慈さんの場合は、とにかくキャッチボールの時間が短い。リズミカルにチャチャチャッとスナップスローですませて、すぐに守備についていた。「この人、キャッチボールをやらないのかな？」と思ったほどだ。久慈さん本人に聞いてみたら、「こんなもんで十分だろう」と言っていた。久慈さんほどのレベルとなると、キャッチボールはその日の感覚を確かめる程度で十分ということなのだろう。

最近の選手を見ていて感じるのは、キャッチボールと守備を分けて考えている選手が多いということ。キャッチボールはあくまで実戦に即したやり方にすべきだと思う。

内野手の「捕る」「投げる」は、「連動式」と「分離式」の2タイプに分けられる

内野手がアウトを取るプレーの多くは、「捕る」と「投げる」という2つの動作が関わってくる。ゴロを捕り、一塁に投げる。これらの動作をいかに正確にできるかが重要になってくるのだが、これには大きく分けて2種類の考え方がある。

1つは「捕る」と「投げる」をつなげるという「連動式」の考え方。先に述べた久慈さんは、まさにこの連動式だった。捕る動作と投げる動作が一連の流れの中に組み込まれて一体化している。私はシートノックで久慈さんの後ろから動きを観察したが、最初はどう動いているのかわからなかった。そのくらい独特な動き方だった。久慈さんは地肩が強いタイプではなかっただけに、スローイングの弱さを補うためにこの方法を編《あ》み出したのだろう。

もう1つの考え方は、「捕る」と「投げる」を分ける「分離式」。久慈さんが03年に中日から阪神に移籍したあと、04年に巨人から川相昌弘さんが中日に移籍してきたのだが、川相さんからこの考え方を教えてもらった。川相さんは「捕ることと投げることは別だから。捕ったら、あとはキャッチボールをすればいい」と言っていた。川相さんは高校時代にエースとして甲子園に出場したように、久慈さんとは対照的に肩が強いタイプだった。だか

ら打球を捕りさえすれば、あとはキャッチボールの感覚で送球すればアウトにできた。キャッチボールで暴投することはほとんどないわけだから。

それでは、私はどちらの考えだったか。私は久慈さん、川相さんのどちらからも影響を受けていたので、連動式と分離式を組み合わせたハイブリッド式になった。

私にとって、久慈さんのような連動式は非常に難しかった。久慈さんの動きを参考にしてマネしようと試みたけれど、「無理だな」と悟るようになった。そんな時期に川相さんに出会って、分離式でもいいんだと思えたことは救いになった。あのまま久慈さんを目指して連動式に固執《こしつ》していたら、いつまでたっても前に進めなかったかもしれない。

私は川相さんのような分離式でプレーしつつ、いつか久慈さんのような連動式をマスターしたい。そんな思いで取り組み、ダブルプレーの場面などは連動式でいけるようになり、ここは確実にアウトを取ろうという場面では分離式で安全にプレーできるようになった。

相手が捕りやすい送球の投げ方

内野手がゴロを捕って、投げるだけではアウトは成立しない。送球を受ける選手がボールを捕らなければ、アウトにはならない。投げ手には受け手が捕りやすい送球が求められる。

キャッチボールで短い距離からフワッと山なりのボールを投げる選手がいるが、私はあまり意味がないと考えている。抜いたボールは受け手もタイミングが取りにくいので、むしろある程度速いボールのほうが、多少、方向がそれても捕りやすいものだ。かといって近距離で強いボールを投げても、相手が捕れないのではしょうがない。

速くて捕りやすい送球をするには、相手にボールを見せてやること。打者にとってボールの出どころが見えにくい投手が打ちづらいのと同じで、受け手にとっても投げ手のボールが見えなければ捕りにくいものだ。ボールを見せた状態で速い球を投げれば、相手も捕りやすいし、少しそれても反応できる。

サードやショートのようにファーストまで距離が長い場合は、どうしても暴投が怖《こわ》いので、山なりのボールを投げたがるものだ。だが、ファーストにとって自分の手前でタレる(勢いが落ちて沈む)ボールは捕りにくい。ファーストが捕りやすいボールを投げようと思ったら、やはり速くて低い球筋のほうが絶対にいい。岡本が巨人に入団したころも、サードからファーストへの送球がタレていた。そういう選手に私は、「ファーストの顔を突き破るようなイメージで投げたら、ちょうどいいんじゃない?」と言うことにしている。

ファーストへピンポイントで投げようとすると、結果的にスローイングは良くならない。少しでも誤差が出ると、「あれ? ズレた」と気持ちが萎《な》えるし、「次はいいボールを投げないと」と、自分にプレッシャーをかけてしまう。それでどんどんボールを置きにいき、ファーストにとってはタレて捕りにくい送球になる。そんな悪循環から腕を振れなくなると、イップス（もともとボールをコントロールできていた選手が、思うように投げられなくなる投球障害）の入り口に足を踏み入れかねない。ピンポイントではなく、目標を突き破ってさらに10メートル先まで届くイメージで投げると、だいたいちょうど良くなるものだ。

内野手を育てるのはファースト

内野の中で軽視されている風潮を感じるが、ファーストは非常に重要なポジションだ。私は、プロでバッテリー以外の内野全4ポジション、とくに現役晩年になってファーストを経験した。そうした者の立場から言わせてもらうと、ファーストはショートに次いで難易度の高いポジションだと感じている。

サード、ショート、セカンドはアウトを取るために、ギリギリのタイミングで目いっぱい動いて投げるときがある。いつもはファーストが捕りやすいボールを投げようと思っていても、難しい体勢になると送球が乱れてしまうもの。そんなときにファーストがショートバウンドを何事もなかったかのように捕ってくれると、本当に救われる思いがする。

現役晩年、ファーストの守備の奥深さを知った(写真は、2013年WBC前の中日キャンプにて)。

私の現役時代、中日のファーストはタイロン・ウッズ（中日の前は、横浜にも在籍）やトニ・ブランコ（のちに、横浜DeNA、オリックス・バファローズにも在籍）など外国人選手が守ることが多かった。ウッズもブランコも打撃は素晴らしかったが、守備は苦手。少し送球が低いだけで、「もっと高いボールを投げてくれ」「顔のあたりがいちばんラクだ」と言ってくる。小学生のころから「低いボールを投げろ」と言われ続けてきた身としては、顔付近に投げるのは怖い。少しでも抜けただけで、すべて暴投になってしまうのだから。

一方で、守備固めとして渡邉博幸《わたなべひろゆき》さんがファーストに入ると、本当に頼もしかった。外国人選手のときとはギャップが激しすぎるほど、安心して送球できたのだ。

内野手を育てるのはコーチだけではない。いいファーストもその役目を担《にな》う。自分自身、巨人でファーストを経験したことで、よりいっそう、そう感じるようになった。

18年の巨人は、岡本がファーストを守り、ショートバウンドをよく拾ってくれた。レギュラー1年目だったセカンドの吉川尚輝も救われたはずだし、ショートの坂本も、「岡本がファーストだとラクだ」と言っていた。

ファーストがショートバウンドを落とせば、エラーは投げ手に記録される。うまく捕ってくれるファーストなら、投げ手は「あのへんに投げればいいか」と、いい意味でアバウトに、のびのびと腕が振れるようになるのだ。

「左投げ内野手」の可能性はあるか？

本書では、「はじめに」でも触れたように、ファースト以外の内野手は基本的に「右投げ」を想定して最後まで話を進めている。ただ、その前提を覆《くつがえ》す「左投げセカンド、サード、ショート」がありうるのか、この第1章の締めとして、先に言及しておきたい。

一般的には左投げの内野手は、やはりファーストに限られている。

確かにファーストなら、右投げよりも左投げのほうが有利だろう。左投げならグラブは体の右側にあるから、一、二塁間の打球が捕りやすい。逆シングルになって捕りづらい方向には一塁線があり、多くの打球はファウルになる。さらにダブルプレーのためファーストから二塁ベースに投げるときに、右投げのように体を切り返す必要もない。そのあたりのメリットをふまえて総合的に考えると、やはり左投げのファーストはしっくりくる。

私が所属した中日、巨人では左投げのファーストは少なかったが、オールスター戦でロベルト・ペタジーニ(元ヤクルト、巨人)、侍ジャパンで稲葉篤紀《あつのり》さん(元ヤクルト、北海道日本ハムファイターズ、現侍ジャパン監督)のような左投げのファーストと一緒にプレーした。左投げのファーストには「投げやすい」という実感があった。左投げ、つまり、右手で受けるファーストは、送球する側からするとミットを向かって左側に構えてくれる。右投げの内野手はファーストに送球する際に少しシュート回転するため、ボールが右にズレる。つまり、ミットを目がけて投げるとちょうどいい位置にコントロールできるわけだ。好みはあるだろうが、私の場合は左投げのファーストミットがいい目印になり、投げやすかった。

そこで、本題。左投げの選手がファースト以外の内野を守る可能性はあるだろうか。

右投げの私に置き換えるなら、セカンドを守っているときに三塁ベースに送球するような感覚だろうから、体にストレスがかかる動きになることは想像に難くない。さらにファースト以外ではダブルプレーを取るのが難しいなと感じる。捕球してから右回りに反転して投げなければならないため、相当なボディバランスが求められる。

可能性があるとすれば、セカンドではないだろうか。実際にアマチュアでは左投げのセカンドがまれにいると聞く。とはいえ、二塁ベース寄りのプレーは弱点になるだろう。二遊間のゴロを捕ってから投げるには右回転して投げなければならないし、セカンドがダブルプレーでのサード、ショートからの送球の受け手になったときは270度も右回転する必要がある。右投げに比べると動きのロスが大きく、ハンデになると言わざるをえない。

そんなハンデをものともしない左投げの内野手が現れたら、きっと球界に衝撃が走るはず。ぜひ見てみたいものだ。

第2章

内野4ポジションの特性

〜二遊間に、サード、ファーストの個別解説〜

ショート 最も難しく、集中力が必要なポジション

この章では、内野4ポジションそれぞれの大きな特性、難しさについて述べていこう。ファースト、セカンド、サード、ショートの内野4ポジションの中で、最も難しいのはどこか。あくまで私自身の見方だが、いちばん難しいのはショートだと思う。これに関しては、多くの方に賛同していただけるのではないか。

小学校、中学校ではピッチャーだった私が、本格的に内野手に転向したのは、東京の堀越高校に入学してから。そこでショートを守ることになった。とはいえ、当時は守備の深みを知る以前のレベルだった。亜細亜《あじあ》大学進学後はセカンドに移り、1998年のプロ入り以降は、外野を含めて様々なポジションを守った。そしてプロ3年目の2000年途中から、私はショートのレギュラーを獲得することができた。それ以来、私にとってショートは愛着のあるポジションになっている。ショートとしてベストナインを5回（02年、04～07年）、ゴールデングラブ賞は7回（04～09年、12年）も受賞させていただいた。

ショートのなにが難しいかと言えば、最大のポイントは時間に制約があることだ。ほかのポジションよりも打球をゆっくり待っている余裕がなく、時間を短縮しなければならな

い。少しでもジャッグル（お手玉）したり、弾《はじ》いたりすれば、一塁は間に合わない。
ショートに求められるのは集中力だ。バットに当たった瞬間に打球にチャージしていかなければならない。これを私は、「攻める」と言っている。打球に対して攻めて、動きながら捕って投げる。イメージとしては、打球が飛んでくる前から攻めるくらいでちょうどいい。気が抜けないポジションと言えるだろう。

さらに、内野ゴロでのダブルプレーも見せ場であり、重要な任務だ。これはほかの内野手との共同作業となるので、とくに二遊間のコンビネーションは高めておく必要がある。私は荒木雅博《まさひろ》（現中日二軍内野守備・走塁コーチ）とセットで「アライバ」と呼んでいただくことも多かったが、荒木とは目だけで意思の疎通がはかれるまでなっていた。

ほかにも二塁牽制《けんせい》のタイミングをはかったり、外野からの中継プレーなど仕事の量も考えることも多い。1試合ごとの疲労が蓄積され、年間通して負担がかかりやすいポジションということを考えれば、捕ること、投げることのレベルが高いのはもちろんのこと、長いペナントレースを戦い抜けるだけの体力も求められる。逆に言うと、そういった部分を満たしているなら、打力に関しては多少、大目に見てもらえるのがショートでもある。

代表的な現役選手は、18年の両リーグでゴールデングラブ賞を受賞した広島・田中広輔、埼玉西武・源田壮亮の名前が挙がる。本拠地が天然芝のグラウンドながら最小限のエラー

軽快な守備で1年目からショートのレギュラーの座につき、試合に出場し続けた源田壮亮。

数にとどめている田中に、軽やかに動けてよけいな力が入っていない源田。日本を代表するにふさわしいショートと言えるだろう。もはやベテランの域に入ってきた巨人・坂本勇人の守備も、年々力《りき》みが取れてきた。また、強肩の今宮健太（福岡ソフトバンク）らも、ぜひ注目してもらいたいショートだ。そして忘れてはならないのは、阪神・鳥谷敬である。全盛期は「堅実なショート」というイメージだったが、なにより素晴らしいのは、負担のかかるポジションを年間フル出場しながら務めたこと。鳥谷とは私と共通する部分が多々ある。それは、このあと57ページからの対談でご覧いただけたらと思う。

私がプレーを間近で見たことのある先輩世代では、前述したように久慈照嘉さんや川相昌弘さん、宮本慎也さんといったところが代表的なショートではないだろうか。

なお、各選手に対する詳細な解説は第6章、第7章の列伝コーナーで行っているので、あわせて読んでもらいたい。

セカンド ゆっくりできるが、「切り返し」や機敏さも必要

次はセカンドだ。一塁ベースとの距離が近いので、守っていて、あわてる必要がない。だから私の中でのセカンドは、ゆっくり捕って、ゆっくり投げるというイメージだ。

「カーン！」と打球が飛んできても、まずはしっかりと打球を見てから動く。それでもアウトにできる時間が十分にある。菊池涼介《りょうすけ》（広島）のように深くポジショニングをとる選手がいるのは、そのためだと言える。

セカンドの難しさは打球うんぬんではなく、ショートやサードに比べて「切り返し」の動きが多いことだ。ショートやサードはゴロを処理する流れの中で、スローイングまで比較的動きやすい。ところが、セカンドはダブルプレーの際にゴロを捕ったあとに二塁ベース方向へ機敏に切り返さなければならない。そういった意味では、小柄で俊敏に動ける選手が適したポジションと言えるかもしれない。

さらに、一、二塁間の打球は角度がないところから一塁に投げなければならないし、ときには回転して投げる必要がある。後述するが、巨人コーチ時代には吉川尚輝や田中俊太《しゅんた》に対してボディバランスを強化する練習をよく課していた。

私は前項で述べたように、亜細亜大学に入ってからセカンドにコンバートされた。当時、1学年上の大スターで、のちに福岡ダイエー（現福岡ソフトバンク）ホークスなどで活躍した青山学院大の井口資仁《ただひと》（当時の表記は忠仁《ただひと》）さん（現千葉ロッテマリーンズ監督）がショートを守っていた。私にとっては憧《あこが》れの先輩だっただけに、大学でひと足早くセカンドにコンバートされたことは、少しネガティブな感情にさせられたものだ。

身体能力の高さを生かし、かつてないほどの深いポジショニングを実現している菊池涼介。

その後、プロ入り後はショートとして中日でレギュラーをつかみ、前述したようにセカンドの荒木と「アライバコンビ」を結成。ところが、10年に当時の首脳陣の判断で、荒木と私のポジションを交換する形でセカンドにコンバートされた。

そこからの2年間では目の病気もあって満足のいく結果を残せなかったが、私なりにセカンドの深みを感じながら、グラブさばきなどの技術向上に力を注いだ。

現役でセカンドの名手と言えば、やはり菊池の名前は外せない。また、山田哲人《てつと》(東京ヤクルト)も打力も含めてハイレベルだ。18年に初めてゴールデングラブ賞を受賞した中村奨吾《しょうご》(千葉ロッテ)も山田と似たような要素を感じる。セカンドでゴールデングラブ賞4回の藤田一也《かずや》(東北楽天ゴールデンイーグルス)は、グラブさばき、足さばきに秀《ひい》でている。

サード 強い打球は我慢、弱い打球はすぐチャージのさじ加減の難しさ

サードは、かつての長嶋茂雄さん(元巨人・巨人監督、現巨人終身名誉監督)や原辰徳《たつのり》さん(元巨人、現巨人監督)に代表されるような強打者が守ることの多い花形ポジションの1つ。ホットコーナーと呼ばれ、強烈な打球を体で止めたり、ライナーを横っ飛びで捕ったりと、派手でガッツあふれるプレーも見せ場となりやすい。昔のほうがスター選手が

守るイメージが強かったと思うが、このポジションには、私は個人的になかなか縁《えん》がなかった。プロの若手時代に数試合起用されただけで、あまり守る機会がなかったのだ。

ところが、現役晩年になって14年に巨人に移籍してから、サードを守る機会が増えた。故障者が出て、1か月以上もサードとして出場させてもらった時期もある。どっぷりとサードを経験させてもらう中で、今まで見えていなかった難しさを感じることができた。

サードの難しさは意外と知られていないのだが、ひと言で言えば「我慢」だ。

サードには、右打者の引っ張った強烈な打球が飛んできやすい。多くの選手は、「カーン！」と飛んできた瞬間に動いてしまう。サードを守り始めた選手なら誰もが陥《おちい》ることだが、むやみに動くことで打球を捕るための準備の体勢がとれない。その結果、ボールと体がぶつかってしまい、エラーが増えるのだ。角度的にボールがバットに当たる瞬間は見えにくく、打球音がしたらもう目の前までボールが来ていることもある。だからバットに当たる前からグラブを地面につけて待っているくらいでないと、打球に反応できない。

そしてポイントは、打球が飛んできた瞬間に動きたい思いをグッとこらえて、一瞬の間《ま》を作ること。うっ……と我慢してから打球に合わせて動く。この我慢ができないと、捕る準備をする前に打球が体やグラブに当たってしまい、捕球ミスにつながるのだ。さらにサードの難しいところは、打者がフルスイングしているのに打ち損じてボテボテのゴロになるケースがあること。フェイントのように反応が遅れてしまう。

強い打球は我慢、弱い打球はすぐチャージ。そのさじ加減が非常に難しい。だからこそ、サードは早めの準備が必要になるのだ。

この準備が非常にうまいと感じるのは、横浜DeNAの宮﨑敏郎。もともとは打撃力を評価されてレギュラーになったタイプだが、サードとしての守備も年々上達している。

さらに若手ながらうまいと感じるのは大山悠輔《ゆうすけ》（阪神）だ。とくにスローイングにかけてはピカイチとさえ思う。17年の阪神入団当時、キャンプイン前の自主トレ中に守っている大山の写真を見て、「素人《しろうと》だな」と感じた。見るからにこなれていないことが伝わったのだ。ところが、キャンプ序盤にプレーする姿を見たら、見違えるように上達していて驚いた。巨人のコーチを務めていた私は、若手選手に、「短期間でもこれだけ変われるんだ」と言い聞かせた記憶がある。まだまだ伸びしろはあるし、今後もさらに熟成されていくだろう。球界を代表するサードとして成長していってくれるのではないかと楽しみにしている。

ベテランでは、パ・リーグの三塁手部門でゴールデングラブ賞7度受賞の松田宣浩《のぶひろ》（福岡ソフトバンク）が存在感を放《はな》っている。熱血プレーが前面に出ているが、安定したスローイングも評価していい。引退した先輩選手では、一緒にプレーしたこともある中村紀洋《のりひろ》さん（元近鉄バファローズ、中日など）のグラブさばきが鮮やかだった。

スローイングは球界屈指の安定感を誇る松田宣浩。守備でも気持ちの強さがにじみ出る。

ファースト 打球が抜けると相手のチャンスに!! 実は重要で難しい

ファーストも打撃力の高い選手が守るイメージのポジションだ。ただ前述のように、実は守備面でも重要で難しい。とはいえ、私もそれを肌で感じるまでは、「ファーストなんて……」と、少し軽視していた。13年WBC（ワールド・ベースボール・クラシック）で初めてファーストの練習をした際は、内野からの送球を両手で捕るようなありさまだった。

14年に巨人に移籍し、サード同様にファーストでの出場機会も増えた。2年間でファーストで40試合に出場し、見えてくるものがあった。同じくサイドのポジションのサードのように、強烈な打球が来る。ただ、1試合で1回も打球が来ない可能性があるサードとは違い、ファーストは必ずボールにさわる。ファーストが送球を捕れなければアウトは成立しないし、ランナーが出れば考えることも増える。「ファーストなんて、送球を捕ればいいんだろう」と思っている人も多いかもしれないが、そんな単純なポジションではない。

18年に岡本和真が巨人のファーストのレギュラーに定着したが、「なぜ、サードじゃなくてファーストなのか？」と思った人もいるだろう。岡本をファーストに、ケーシー・マギーをサードに入れた理由は、岡本の守備がへただからではない。むしろ逆で、岡本くらい技術が高まっていれば、ファーストで1年間プレーしたほうが野球を覚えられると考えたからだ。サードの選手には失礼だが、岡本には難しいポジションを若いうちから経験させて、守りでも頭を使ったほうがいいと思った。それに、一塁にランナーがいる場面でサード方向の打球が抜けても一、二塁だが、ファーストを抜けたら一、三塁になる危険もある。それだけファーストは重要だと考えるからこそ、当時の高橋由伸《よしのぶ》監督にお願いして、岡本をファーストで使ってもらった。おそらく将来はサードでやっていくことになるだろうが、ファーストを経験したことは、必ずプラスに働くと私は信じている。

ほかにも現役選手でファーストの名手と言えば、中田翔《しょう》（北海道日本ハム）やホセ・ロペス（横浜DeNA）の18年両リーグのゴールデングラブ賞受賞者になるだろう。中田のハンドリングの良さに救われている内野手は多いはずで、まさに「内野手を育てるファースト」だ。ロペスも、献身的で動ける守備が魅力。これだけ守備を大事に考えている外国人は珍しい。先輩世代では、駒田徳広《のりひろ》さん（元巨人、横浜。現在は、四国アイランドリーグplusの高知ファイティングドッグス監督）の鉄壁《てっぺき》ぶりが印象的だ。ファーストは駒田さんのような左利きが起用されることもありうる、ほぼ唯一の内野ポジションと言える。

このように、内野守備といっても、4ポジションそれぞれに特徴があり、難しさや求められる適性も少しずつ違う。以降の各章で、そのあたりを深く追究していこうと思う。

打撃力の印象が強い中田翔だが、柔らかいハンドリングで送球をさばく一塁の守備も上々。

特別対談

前編

井端弘和
Hirokazu Ibata

鳥谷 敬
Takashi Toritani

プロフェッショナル内野守備論
＆ WBCの真相

6歳違いの大卒ショート

「トリはすぐ出てくるだろうな……という予感はあったよ」井端
×
「井端さんの打球への入り方に驚かされました」鳥谷

井端 今回は対談を受けてくれて、どうもありがとう！

鳥谷 いえいえ、こちらこそ声をかけていただいて光栄です。よろしくお願いします！

井端 トリ（鳥谷）とは年齢的に6歳違って、お互いに大卒だから、プロ入りも6年違うことになるな。

鳥谷 はい。僕が阪神に入ったころ、井端さんはもう、中日の不動のレギュラー。守備の安定感は、見ていてすごく感じていました。内野手としてのバウンドの合わせ方、捕ってからの送球。打者としてショートに打って、そこに井端さんがいるだけで、もう「アウトになるな」とあきらめさせられる。逆に味方だったら、安心感を覚えると思います。バウンドは常に合っているイメージはありました。

井端 ありがとう。トリがプロに入ったのは2004年だよね。

鳥谷 はい、そうです。

井端　ちょうど俺が、宮本慎也さんとか石井琢朗《たくろう》さん（元横浜・広島、現東京ヤクルト打撃コーチ）とか、年齢的にもキャリア的にも上の人たちになんとか立ち向かいたいという時期だった。自分と同じくらいの世代に二岡智宏《におかともひろ》（元巨人など。現在はＢＣリーグの富山ＧＲＮサンダーバーズ監督）がいて、すぐ下にトリが入ってきた。そのあと、久慈照嘉さんが阪神のコーチになられて、トリはすぐ出てくるだろうな……という予感はあったよ。

鳥谷　ありがとうございます。

井端　阪神と対戦するたびに守備練習を見ていたら、上達しているのがわかった。甲子園球場は内野が土だから、不規則な変化とかイレギュラーバウンドが起きる難しさがあるよね。その環境でずっと試合に出続けて、１シーズントータル４～５個にエラー数をおさめたのは驚異的だった。今の選手のレベルからしても、その数字を破るのは現時点では考えにくい。それだけ技術やメンタル、いろんなものがないと４～５個ではおさまらないからね。現時点でもトップかなと思うよ。

鳥谷　いえいえ（笑）。自分としては井端さんが現役のあいだになんとか１回でもゴールデングラブ賞を獲《と》る、ということを目標にやっていました。オールスターなどで一緒になる機会もあったので、どういうふうにやっているのか、常に井端さんを意識してやっていました。その井端さんにそう言ってもらえると、うれしいですね。

井端　05年のオールスターで一緒だったな。

鳥谷　はい。井端さんの打球への入り方に驚かされました。当時は自分がまだ若かったということもあって、思いきり早く打球に入って、思いきり投げる……という感じでやっていたんです。まだ一連の流れの中でプレーできていませんでした。

井端　わかるよ、その感覚は。

鳥谷　でも、井端さんは極力、少ない力でアウトにしていました。ノックを受けているときに後ろから見ていると、打球に追いつくまで100％の力じゃない。80％の力で同じ位置まで行き、投げる体勢に入っていた。一緒にノックを受けていて勉強になりました。1年間、試合に出るためには、そういうことも必要なんだなと考えさせられましたね。

ショートのゴールデングラブ賞を奪い合う

「井端さんがショートに戻ったら、また井端さんがゴールデングラブ賞」鳥谷

「まだまだ若い者には負けない……なんて感覚はなかったけどね（笑）」井端

井端　記録を見ると、セ・リーグのショートのゴールデングラブ賞は04〜09年まで俺が受賞して、11年にトリが初受賞していたんだね。それで翌12年は俺が再び獲って……。トリ

内野が土の甲子園球場を本拠地としながらゴールデングラブ賞を5回受賞している鳥谷敬。

にとっては目の上のタンコブみたいな存在だったのかな？（笑）。

鳥谷　目の上のタンコブ……（笑）。でも、ゴールデングラブ賞は毎年井端さんが獲られていたので、さっきも言ったようになんとか1回でもいいからそれを覆《くつがえ》したいという思いでした（13年から、鳥谷が3年連続でゴールデングラブ賞を受賞）。

井端　俺からすれば、トリのような若くて実力のある選手がいるのはやっぱり脅威《きょうい》だったよ。俺も宮本さんの牙城《がじょう》を崩《くず》したいと思いながらやってきて、04年に初めてゴールデングラブ賞を獲ったら、ずっと獲り続けたいと思っていた。それなのに、すぐにイキのいい若いのが来たなと思ったし（笑）。そう考えてみると、よく似ているな。

鳥谷　言われてみると、そうですね。

井端　宮本さんも俺も、それとトリもどちらかと言うと堅実なタイプ。ショートとして比べる材料があるとしたら、エラーの数なのかなと思っていた。だから、エラーの数はいつも気にはしていたよ。でも、誰かを上回りたいという気持ちがあることが、うまくならないちばんの要因なのかなと思うよ。

鳥谷　11年に初めてゴールデングラブ賞をいただきましたけど、井端さんは当時（10～11年）、荒木さんと入れ替わる形でセカンドに移っていたので、奪ったわけではなかったんです。翌12年に井端さんがショートに戻って、改めて勝負してみたら、また井端さんがゴールデングラブ賞。本当の強さを感じましたね。

井端　まだまだ若い者には負けない……なんて感覚はなかったけどね（笑）。もう、目いっぱいだったよ。ショートに再転向したのは37歳くらいだったから、最後の力を振り絞《しぼ》って……という感じ。

鳥谷　そんなことないでしょう？（笑）。

井端　ショートとして完全に「ヤバいな」という感覚になるのは、30歳前後かな。だからその前に、ある程度準備をしておくべき。若いときほど足が動かなくなるので、さばきとか技術でカバーできないと厳しい。力をうまく抜いて動くことを練習から意識してやっておかないと。ショートに関してはそういうところがあるのかなと。

13年WBC「ミラクルプレー」の真実

「ピッチャーが足を上げた瞬間に、トリがピューッと走っていくのが見えた」▲井端

×

「『もう1回行け』と言われても、絶対に行かないですよ！（笑）」▲鳥谷

井端　トリとは13年WBCの侍ジャパンのチームメイトでもあったね。守備の話ではないけど、あの2次ラウンドのチャイニーズタイペイ（台湾）戦の話を少ししようか。聞きたい人も多いと思うから（笑）。

鳥谷　ええ。

井端　あのときは、1点ビハインドの9回表、二死一塁からトリが盗塁を決めて、俺がセンターへ同点タイムリーを打ったんだよね。そのあと、日本が劇的な逆転勝利という展開だった。

鳥谷　あのときの盗塁は、サインではなかったんです。試合前のミーティングでピッチャーについて説明があって、「（盗塁を）行けたら行っていい」ということでした。そこで自分なりに、「こうなったら行こう」という状況を決めていました。

井端　ピッチャーのモーションを見れば行けるか行けないかはわかるけど、俺もあのときはバッターボックスでそこまでの余裕がなかった。一塁にいたトリがスタートするかどうかより、「最後のバッターになりたくない」という思いしかなかったな。

鳥谷　そうですよね。

井端　1点負けている二死一塁で、初球に狙《ねら》うとしたら長打しかない。真ん中のボールが来たら引っ張り込んでやろう……と思っていたら、ピッチャーが足を上げた瞬間にトリがピューッと走っていくのが見えたんだ。そうしたら、ボールがど真ん中に来て……。

鳥谷　すみません（笑）。

井端　打ちたかったけど、反射的に「あっ！」とバットが止まった。あそこで走れるというのは、相当な勇気とか度胸とか、いろんなものがないと走れない。それだけの厳しい場面だったと思う。

鳥谷　「もう1回行け」と言われても、絶対に行かないですよ！（笑）。

井端　そうだろうね（笑）。

鳥谷　あのプレーまでにいろんな状況があったんですよ。井端さんの前の打者が長野久義《ちょうのひさよし》（当時は巨人、現広島）だったから、長打の可能性もあるので盗塁はしないでおこうと。それで長野が倒れて2アウトになって、打者が井端さんに。試合前の情報どおり、ピッチャーのクイックモーションは素早くないし、「牽制《けんせい》球は1回しか入れない」という情報もありました。井端さんに長打を狙ってもらうよりも、1本（シングルヒット）でかえれる状況を作ったほうがいいなと。まずは同点に追いつかないといけない場面でしたから。

井端　それでスタートを切ったんだ。

鳥谷　自分の中で、「牽制球が1球来たら、行こう」と条件を決めたんです。そうしたら、すぐに牽制球が来て。もう「アウトになる」とか考えることもなく、「行かなくちゃ」と思いました。それでバーッと行ったんですけど、あとで映像を見たら、タイミングはギリギリで。なんで行ったんだろう……って思いました（笑）。

井端　正直言って、トリがセーフになった瞬間に、こちらもウワーッとようやく体に血がめぐってきたような感覚があった。視界が広がって、打席の中で勇気をもらったような感じがしたんだよ。そこで、長打狙いではなく「ヒットでいいんだ」と、いつもどおりの形に戻れた。だから、あの盗塁はありがたかったね。ただ、あとで「球場の雰囲気が変わった」と言われたけど、あの打席でそこまで感じ取るだけの余裕はなかったよ（笑）。

鳥谷　国際大会は、雰囲気がシーズンとはまるで違いますからね。サンフランシスコで国歌を聞いたときに、初めてその重みを感じました。「負けられないんだな」ということを、野球をやっていて初めて感じたような気がします。「これがプレッシャーなのかな」と。

井端　アメリカの球場の試合で、実際に守ってみてどうだった？

鳥谷　気候的な要因があるのかわからないですけど、守りやすく感じました。例えば、マツダスタジアムとか日本の天然芝の球場と見た目は一緒なんですけど、土や芝の感じはアメリカの球場のほうが守りやすい印象がありました。

井端　なんか、土がジャリジャリしていたよね。

鳥谷　そう、ジャリジャリでしたね。

井端　土が固くて、上に海岸の砂がきれいにまかれているような感じ。東京ドームの人工芝よりイレギュラーしないんじゃないかと思ったくらい。慣れない球場の不安というより、

2013年WBC2次ラウンドのチャイニーズタイペイ(台湾) 戦。1点ビハインドの9回二死一塁から二盗を成功させた鳥谷(上)と、その直後に同点タイムリーヒットを打って喜ぶ著者(下)。

こういう環境でプレーできることに感動していた。俺もＤＨ（指名打者）じゃなくて試合で守ってみたかったけど（笑）。まあ、出られたとしてもファーストだったかな。

鳥谷　あのときの侍ジャパンは、本来ショートの選手ばかりが内野４ポジションを守っていたこともありましたよね。松井稼頭央《かずお》さん（元西武など。現埼玉西武二軍監督）がセカンド、坂本勇人がショート、井端さんがファーストで、自分がサードでした。

井端　トリは、そのときまでサードをやったことなかったでしょ？

鳥谷　はい、なかったです。

井端　俺もファーストをやったことがなかった。送球を両手で捕っていたから（笑）。

鳥谷　そうだったんですか（笑）。

井端　トリもファーストをやればいいよ。本当に難しいから！

鳥谷　やってみないとわからないんでしょうね。

井端　俺も巨人に来てファーストを守らせてもらえなかったら、その難しさはわからなかったと思う。もちろん、19年はショートに戻って頑張ってもらうとして、機会があれば試してみてほしい。

鳥谷　ありがとうございます。わかりました。

今だから話せる「大スランプ」の真相

「キャンプから『おかしいな……』と思ったまま、進んでいった感じです」鳥谷

「春先にトリを見て、『あれ、やせたな?』と思った」井端

井端 ところで、トリに聞きたいことがあるんだけど、聞いてもいい?

鳥谷 もちろんです。

井端 答えにくかったらいいからね?

鳥谷 はい(笑)。

井端 トリと言えばあれだけエラーしないイメージだったのに、3年前(16年)、いったいなにが起きたの?

鳥谷 あぁ……。

井端 俺は巨人でちょうどコーチ1年目だったんだけど、ベンチから見ていると明らかに線が細くなったなと感じたし、今までのトリとは違う印象だった。

鳥谷 ちょうどチーム内で様々なことが変わるタイミングで、自分も新しいことにチャレンジしてみようという時期だったんです。オフのあいだにあれこれ取り組んでいたのです

が、どうにも感覚が合わなくて……。

井端　具体的にはどんなことをしたの？

鳥谷　それまでは、バッティングは逆方向に打つことで、守備なら足を使って山なりのボールを投げることで、自分の動きを確認していたんです。でも、その年はキャンプから、打撃なら強くスイングして引っ張ること、守備なら思いきり投げることをしていて。

井端　いろいろと変わった年だったんだ。

鳥谷　そうやって練習しているうちに、自分の体が思ったように動かなくなったというか。今までとは逆の動きになってしまったんです。

井端　なるほど……。

鳥谷　そうなっていくうちに体型も変わっていって、自分の力がうまく出せない感覚がありました。春のキャンプから「おかしいな、おかしいな……」と思ったまま、進んでいってしまった感じです。

井端　春先にトリを見て、「あれ、やせたな？」と思ったし、同時に高橋由伸監督も「やせたな」と言っていた。もしかしたら力はついたのかもしれないけど、力強さは感じなくなっていた。

鳥谷　そうなんです。

２人とも関東出身で、侍ジャパンでもチームメイトだったこともあって、お互い気心は知れている関係。対談は和《なご》やかに進み、時には真剣な話題へと発展することも。

井端　人それぞれ練習方法ってあるからな。俺もトリと同じように足を使って、山なりのボールを投げて……と順序を踏んでやっていかないとできない。とくにショートの場合はそういう練習をずっとやっておかないと、1シーズンもたないから。強さプラス柔軟さがないと、どこかしら負担がかかって、体がパンクする。

鳥谷　はい。

井端　感覚が狂った16年シーズンは、そのあとに感覚を元に戻せたの？

鳥谷　いいえ、シーズン中はずっとおかしくて……。

井端　やっぱり。

鳥谷　シーズンが終わってから3か月、4か月とバッティングをしたり、体の使い方を考えたりして、次の17年シーズンは、やっと自分の今までやってきた感覚の範囲内でおさまりました。

井端　そうか……。トリの異変のことはずっと気になっていたんだ。でも、そのあたりの話を聞けて良かったよ。

（151ページからの対談中編に続く）

第3章

内野手が身につけるべき基礎的技術
～脱・旧常識から始めよう～

股関節《こかんせつ》に上体を乗せた感覚でゴロを捕る

1〜2章では内野守備の大まかな考え方、4つのポジションの特性などについて語ってきた。本章では、そうした内野守備に必要な基礎的技術についてふれていきたい。

内野手の技術の基本は、言うまでもなくゴロの捕球姿勢にある。股関節《こかんせつ》を柔らかく使って股《また》を割り、グラブを地面に着けるような形が理想的。体格や柔軟性には個人差があるものだが、最低限、グラブが地面に着くような形を作れれば問題ない。それができないくらい股関節が固いなら、改善する必要がある。

なぜグラブを地面に着けなければならないかというと、打球に対してグラブが上から出るとエラーにつながるから。股のあいだを抜ける「トンネル」をする可能性が高くなるし、バウンドも合わせにくい。常に「下から上」というリズムを作っていくことが大事だ。

また、打球に合わせにいく段階でグラブを上げてしまわないことも心がけたい。せっかく構えでグラブを地面に着けていても、バウンドを見ていったんグラブを上げてからまた下げると、ミスにつながる。グラブを地面に着けたままなら、トンネルすることはない。グラブを上げるのは、捕る直前。最後に上げる形だ。

また、ボールをつかみにいく選手もいるが、これでは手の筋肉によけいな力が入ってしまう。私は、上体の力をいかに「ゼロ」にできるかを考えていた。だから「捕る」というより、打球のコースにグラブを「入れる」という感覚だった。

これは守備に限らず、野球全般に関して覚えておいてほしいことだが、上体に力が入ってしまうと、下半身もロックされて止まってしまう。とくに守備で上体に力が入りやすいのは、バウンドを合わせようとして腕だけで前に捕りにいこうとするとき。ここで手首あたりの筋肉に力が入ってしまい、股関節を柔らかく使えない。私はそういう選手を見ると、「腕だけ前に出すくらいなら、下がって捕りなさい」と言うことにしている。第1章でも述べたように、「前に出ろ」という教えを忘れること。下がることは悪ではないのだ。

私が14年に巨人に移籍した当時、坂本勇人はバウンドが合わないと体に力が入る悪癖《あくへき》があった。上体に力が入ると、あとはもう止めにいくしかない。ところが、体に力が入っていると、打球を強く弾《はじ》いてしまうもの。ショートが大きく打球を弾いてしまうということは、もう、一塁でアウトにできないことを意味する。

坂本には繰り返し、リラックスすることを伝えてきた。バウンドが合わないときこそ、むしろ力を抜く。そうやって、流れるような動きができるようになった。

内野手はよく「足を使え」と言われる。だが、私にはその感覚はない。この言葉どおり

上体をリラックスさせることで、どんなバウンドにも合わせられるようになってきた坂本勇人。

に意識してしまうと、多くの選手は太ももの筋肉に力を入れてしまいがちだ。

巨人コーチ時代に、股関節を使う意識が乏《とぼ》しい選手に「足を使え」と言ってみたら、動きがみるみる悪くなってしまった。肩を振って懸命に打球を追って、体は上下動する。そんな無駄の大きな動き方で、正確な守備ができるはずがない。すぐに選手を呼んで、「すまなかった、今の言葉は忘れてくれ」と謝罪した。

動きの中で意識してほしいのは、常に「股関節の上に上体が乗っている」という感覚。これが人間の体の構造に合った動きだ。股関節を柔らかく使えれば使えるほど、自分の体を自由に動かせる。捕ったあとに股関節からフッと脱力して骨盤が前に出れば、その流れで自然と足が出てくる。変に飛び跳《は》ねたりすると、太もも前などの筋肉に力が入ってしまって、股関節の上に上体が乗りにくくなる。股関節の上に上体が乗っている状態をキープできれば、足にも上体にも負担はかからないし、スローイングも安定する。

「足を使う」意識で筋肉に力が入れば、ノックを受けているだけで、すぐに疲れる。ノックを始めて10分くらいで「足が張りました」という選手は、筋肉に力が入っている証拠だ。

野球では指導者から様々なアドバイスを受けるだろう。私も「内転筋《ないてんきん》に力を入れろ」などと言われたことがあるが、筋肉に力を入れるということは動けなくなるということ。スムーズに動くためには、リラックスした状態を作らなければいけないのだ。足の筋肉に力が入っていると、股関節が締まり、逆にスムーズに足を使えなくなってしまう。

あと、素早く動くためには、足の裏で地面をパッと瞬時に蹴るような感覚さえあればいい。そうやって守れるようになれば、打撃にもいい影響を与えることだろう。もっと言えば、守るだけでなく、打つのも走るのも、股関節をいかに使えるかが肝《きも》なのだ。関節ではなく筋肉でプレーしていれば限界があるし、疲労がたまりやすい。このように私は、「野球は股関節でやるもの」と考えている。

初心者に学ぶ「捕る」本質

私の息子は小学1年生で少年野球チームに入団し、今は2年生。コーチを退任して時間ができたこともあり、よく練習を見に行っている。そこで、こんな発見があった。

チームに入ったばかりの野球初心者は、ノックで打球を追わない。その場でじっと待ち、ボールが来たら捕っている。私は思わずヒザを叩《たた》いた。この動きこそ人間の本能に従ったものであり、「捕る」動作の本質だ。「捕る」ということにかけては、この初心者のようにボールが飛んでくるのをじっと待つのが確実。たとえ野球は知らなくても、「捕る」動作の本質はよっぽど初心者のほうがわかっていると感じた。

野球に慣れてきた子は、打球にダッシュで突っ込んでポーンと弾《はじ》いてしまう。本来はみんな初心者の子のように捕ることに専念できていたのに、捕れるようになってくるとよけいな動きを入れ始めてしまうのかなと感じた。もちろん、チームによっては、指導者の「前に出ろ」という教えも影響しているのだろう。野球を始めたばかりの子の場合、最初はフォームもなにも意識する必要はなく、ただ、ゴロをその場で構えて待っていればいい。その打球が捕れるようになったら、初めて「投げる」という次の課題に取り組めばいいのだ。最初はバッターが打ってから一塁までボールが届くのに10秒かかっても、最終的に4秒以内に縮められればいい。小学6年生までに間に合わなくても、中学、高校と時間をかけてやっていくという考え方も悪くない。いい内野手を育てるには、それくらいのゆとりが欲しい。

また、アマチュアでは、「打球に対して一直線ではなく、バナナの形のようにカーブを描いて入っていけ」という教えがあるという。たとえ真正面のゴロだとしても、あえてそのラインより右側に入り、そこから弧《こ》を描くようなステップでゴロを捕りにいくという教えだ。こうすることで、打球との距離感がつかみやすく、一塁に向かって投げやすいという。

だが、私はそのステップはよけいな動きだと考えている。膨《ふく》らむ分、1～2歩は無駄になってしまう。最後の踏み込みだけ、送球する方向に向かってから捕るのはいい。しかし、それ以外は体が流れてミスにつながってしまう。基本的には、打球に対して直線的に入るのがセオリーだ。打球のラインに先回りして入ろうとするとミスにつながりやすいので、「線」ではなく、「点」で捕りにいくべきだと考えている。

確かに、「真正面の打球は距離感がつかめず、捕りにくい」という声もある。だが、体全体を打球のラインから外す必要はない。構えは作っておいて、顔だけふっと傾けて角度をつけて打球を見ればいい。体ごと打球のラインから外して、捕る直前にまた入れるとなると、アクションが増える分、ミスする可能性も高まってしまう。

顔だけラインから外すのが怖《こわ》いのであれば、右足を少し前に出して半身《はんみ》に近い形で打球を待つのも手だ。最後に左足でタイミングを合わせて捕ればいい。左足を前に出すのか、そのままなのか、後ろに下げるのか、といった様々なパターンがありうる。

このように、左足は「舵《かじ》取り」の役目も果たせることは覚えておいてほしい。少年野球で「こうやって捕れ」という決まった捕球の形を教わってしまうと、その1点でしか捕球できなくなる。右投げの選手なら、左足を少し前に出す形が多いだろう。だから少しでもバウンドが変化すると対応できず、ミスにつながってしまう。

だが、本来なら、右足で最後に踏み込んだあと、左足は前に行ってもいいし、そのままの位置でもいいし、下がってもいい。打球に合わせて左足のさじ加減を決めてステップするのだ。このステップによる調整ができないから、多くの選手は左足を前に出して、グラブを前に投げ出すように伸ばして無理やり調整しようとする。股関節から上体が外れて手だけで合わせにいくため、捕球ミスにつながりやすくなる。むしろ右足が前の構えのほうが、上体は一塁側に向くので、仮にボールをこぼしたとしても転がっていくのは一塁方向。そのあとの処理、送球が流れの中で運べるため、アウトにできる可能性は高まる。

私が現役プロ野球選手を見ていて、「捕る」ことにかけて最もうまいと感じるのが安達了一《あだちりょういち》（オリックス）だ。その確かな技術は、アマチュア、草野球プレーヤーもぜひ参考にしてほしい。

「下がるな！」の教えは迷信。正しくは「下がってでも捕れ！」

左足の舵取りができるようになるだけで、打球を合わせられる幅がまったく変わってくる。そんなときにマイナスに働くのが、「下がって捕る」ことへの罪悪感だ。多くの選手は、指導者から「下がるな」と教わってきているからである。

しかし、下がって捕ることはご法度《はっと》でもなんでもない。むしろ、自分の守備を救ってくれる選択肢の1つになる。私は、「下がってはいけない」とは一切言ったことがない。むしろ、「下がってでも合わせなさい」と言ってきた。それでアウトにできればいいのだから。

よく考えてみてほしい。前にいるのと後ろにいるのとでは、どちらのほうが打球に勢いがあるだろうか。当然、少しでも後ろにいたほうが打球の勢いは鈍るはず。だから極端に言えば、下がったほうが打球は捕りやすいのだ。

下がって捕ると、送球動作に移りにくいと思われるかもしれない。だが、前述した捕球の基本である「正面（ヘソの前）」で捕れば、下がってもすぐに投げられる。ただし、グラブが体から離れていれば、捕球ミスが起きやすく、スローイングも乱れやすい。先に述べたように、左足で舵取りをするため、下がって捕る場合は左足が後退することになる。左足で下がって捕った直後に右足、左足と順序良くステップすれば、送球は乱れない。下がって捕った直後に再び左足を出そうとすると不自然な動きになり、送球ミスが起きやすいのだ。

さらに前に出るということは、捕ってすぐ送球ができないことを意味する。ダッシュして前で捕ったら、さらに3歩くらいステップしないと投げられない。だが、そのあいだに打者走者も最低3歩は走っていると考えると、どうだろうか。打者走者の全力疾走の3歩となれば、最低でも3メートルは進んでしまう。それならば無理に前に出なくても、待って捕って1ステップで投げたほうが、結果的にボールが一塁に届くのは早くなる。なにより、足よりボールのほうが速いのだから。コーチ時代にも、選手たちによく言った。「ボールより速く走れるやつはいるか？」と。当然ながら、そんな選手はいるはずがない。

もちろん、勢いが死んだボテボテのゴロは、前に出て早く捕りにいくしかない。その場合でも捕球後に3歩も走っていれば、それだけ打者走者は進んでしまう。だから、捕って一発で投げられるジャンピングスローか、なんとか1ステップで投げるしかない。日本ではジャンピングスローをタブー視する指導者も多いが、私は理にかなっていると思う。

下がって捕ることにしてもジャンピングスローにしても、結局は「アウトにすればいい」ということ。私も現役時代にはさんざん「前に出ろ」と、逆の理論を教わることもあった。だが、アウトにするために逆算していけば、おのずと結論は出るはずだ。

何度も言うように、アウトを取るためにはまず打球を捕らなければならない。捕ることを最優先するからには、下がって捕るのもOK。むしろ下がったらダメだと言われれば、足が止まってしまう。足が止まって苦しまぎれに体勢を崩《くず》して捕るから、次の足が出てこない。それが、結果的にスローイングの乱れにつながるのだ。

「歩いて捕る」ための練習法

安定した捕球と送球を実現するために重要なのは、足運びだ。先にも述べた、「股関節に上体が乗った状態」を保ちながら、「歩くように捕る」こと。そうすれば人間の体の構造に合った動きになり、体勢が安定してくるから、送球も乱れない。

この足運びを身につけるために、実際に選手には、歩きながらゴロを捕る練習も課していた。もちろん、ドラフト上位で入ってきたような有望選手でも例外ではない。

選手をショートのポジションにつかせて、ノッカーが三遊間寄りに緩《ゆる》いゴロを打つ。選手は打球に対して膨らまずに一直線で歩いて向かい、捕球してからも右足、左足とステップして投げる。延々とその作業を繰り返すのだ。

事情を知らない人がその練習を見たら、「彼らは本当にプロか？」とあきれるかもしれない。それくらい見栄《みば》えが悪く、単調な練習だ。だが、若い選手にとっては、そこで恥をかいてもおつりが返ってくるくらい効果がある。歩いて捕りにいくことで、「右足を出したら、次は左足、その次はまた右足……」と人間なら当たり前の動きを守備にも染《し》み込ませていく。とくに三遊間の勢いの弱いゴロは、その足運びを覚えやすいのだ。

まずはあえて極端に、ごく普通に歩いてみるといい。足運びのリズムを覚えたら、少しずつ体勢を低くしていけばいいだけの話だ。これを地道に繰り返すと、どんどんリズムが良くなり、最初は半信半疑の選手も自分がうまくなっていく実感を得る。２０１８年に巨人に入団した田中俊太など、１年間ずっとこの練習を繰り返していたら、かなり上達した。

右足、左足、右足、左足……と交互に出してゴロを捕り、また右足、左足と規則正しく足を出して送球する。突き詰めれば、実戦での足運びもこれと同じなのだ。

開いたグラブを使い、ポケットは2つ作る

内野手の商売道具とも言うべきグラブ。私はグラブにはちょっとしたこだわりがある。よく若い選手から、「どんなグラブを使えばいいですか?」と相談された。基本的には自分の使いやすいグラブを使うべきだと思うが、必ず伝えることがある。

それは、「開いたグラブを使おう」ということだ。自分の意志で「グラブを開こう」とすれば、手のひらを「パー」の形へと広げることになり、必然的に腕に力が入ってしまう。私は、守備のあいだは極力、上体の力をゼロにすべきだと考えている。腕に力が入れば、リラックスした状態が作れなくなる。たとえ腕の力が抜けてリラックスしていても、自然とグラブは開いている。選手には、そんなグラブの型を作ってほしいと伝えている。新人の内野手のグラブを見ても、リラックスした状態でボール1個から1個半くらいしか開かないグラブを使っている選手がいる。せめてボール2個は入る開き具合にしておきたいものだ。

さらに捕球時もグラブで「つかむ」という感覚があると、上体によけいな力が入る。感覚的には、グラブにボールを「入れて」あげて、あとは反対の手でかぶせるだけ。グラブ側の指先にわずかに神経を使うだけで、なるべく力を入れないようにする。人間の体の構

造に合ったグラブを使い、いかによけいな力を入れずに使えるか。まずはそのことが大切だ。

だいたいの野球選手はグラブの捕球面に、ボールがおさまりやすい「ポケット」と呼ばれる部分を作るものだ。自分がボールを捕りたい位置にポケットを作るのだが、私の場合は、グラブに2つのポケットを作っていた。

1つ目は親指と人差し指のあいだ、ウェブ（網《あみ》）寄りの部分。ここをAとしよう。もう1つは、中指と薬指あたりの部分で、こちらはBとする。A、B、それぞれの使い道が違う。

Aを使うのは、キャッチボールやフライ、ライナーを捕球するとき。ボールがこぼれないように、グラブに深くおさめたいときに、こちらのポケットを使う。

一方、Bを使うのは、内野ゴロのときやダブルプレーの送球を受けるとき。ボールを捕ってすぐに素早い握り替えが必要なケースだ。Bのポケットは A に比べて浅く、いわゆる「当て捕り」のようにして使う。私はグラブの中の手にほとんど力を入れず、中指と薬指の第一関節で引っかけるようなイメージでつけている。グラブから抜けないように引っかける部分にわずかな凹凸《おうとつ》をつけているのだが、その凹凸にボールを当てて捕るような形だ。

私以外のプロの内野手でも、とくに二遊間プレーヤーはこの2つのポケットを、状況に応じて使い分けているのではないだろうか。読者のみなさんも2つのポケットを使ったプレーを習得できれば、技術レベルが一気に上がっていくに違いない。

「井端流」グラブのポケット

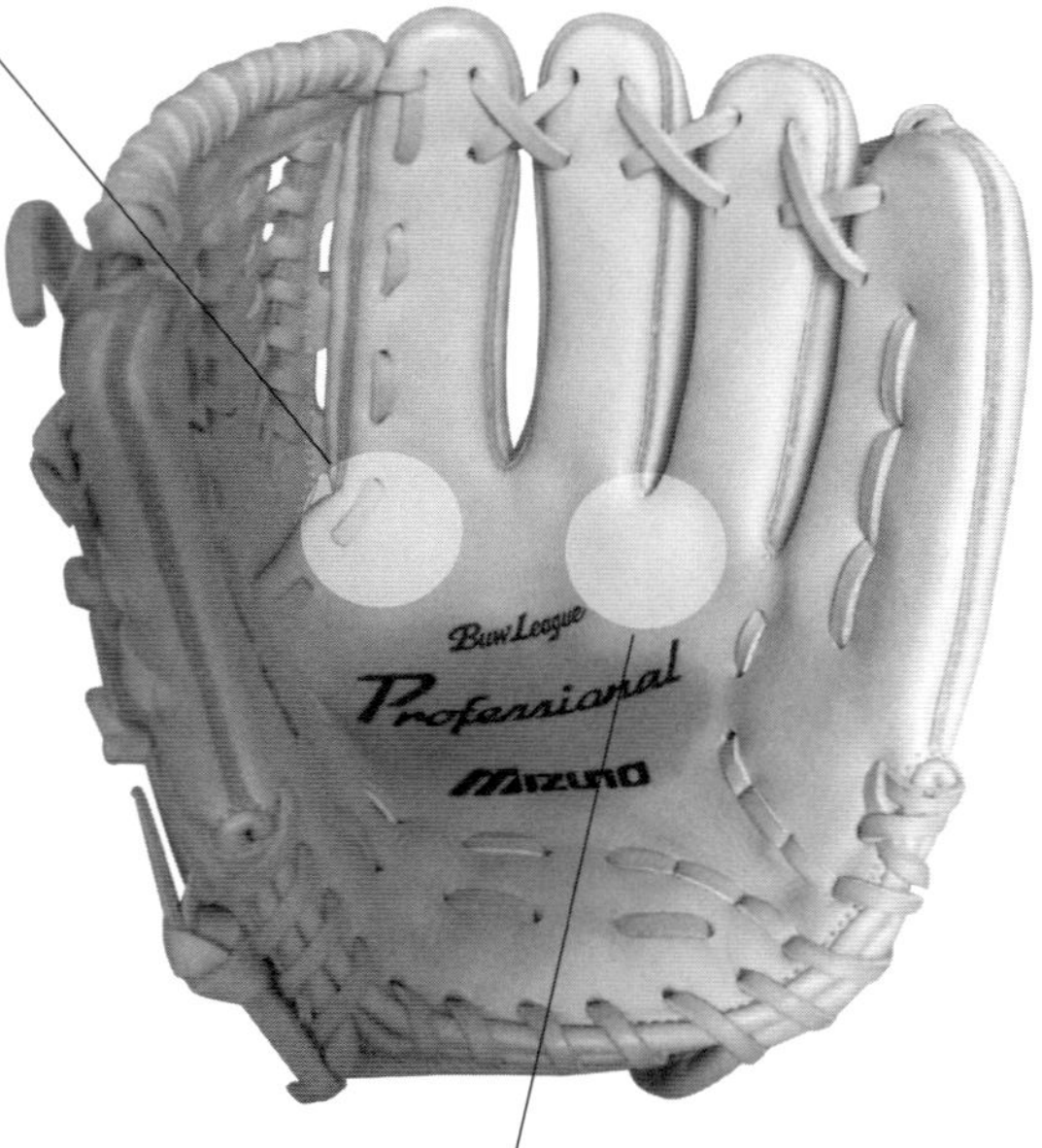

【ポケットA】
フライやライナーなどは、ここのポケットでキャッチし、飛び出すことのないように、もう片方の手でボールをしっかりと押さえる。
【ポケットB】
素早い握り替えが必要な内野ゴロやダブルプレーの送球を受けるときは、こちらのポケットを使う。「捕る」と言うよりは「当てる」感覚だ。

力を入れなくても常に口が大きく開いた状態になるようにグラブの型を作るのも「井端流」。

グラブは自分で育てるもの

ポケットが2つあるグラブの型は、契約メーカーではなく、私自身が型を作っていた。第1段階はノックを打ってもらって、打球をポケットにしたい部分にボールを当てていく。捕るのではなく、ただ当てて落とすのだ。第2段階はピッチングマシンでポケット部分にドーンと当てる。かなり痛いのが難点だが、こんな過程を経て、ポケットができていく。

メーカーからは毎年3～5個のグラブを用意していただいていた。中にははめた瞬間に「これは合わないな」と直感するものもある。だが、せっかく持ってきてくれたものなのだから、最後まで型を作ろうと試みた。たとえ試合に使えなくても、練習用にすればいいからだ。ところが面白いもので、「これは合わない」と感じたグラブが、練習用として使っていくうちにどんどんなじんでくることがある。逆に、「これは間違いないな」と感じたグラブが、使っていくうちに思ったより早く傷みが進んでしまい、使えなくなることもある。

私が試合用として使うグラブの寿命は、だいたい3年くらいだった。同じグラブを長く使い続ける選手もいるが、私の場合はグラブの革《かわ》の張りがなくなってヘタってきたと感じたら替えていた。試合用グラブに寿命が来る前に、予備のグラブを次の試合用候補として練習やオープン戦でなじませておくのだ。私にとっては、グラブを育てているような感覚だった。

現役時代、私の手元には常時20~30個のグラブがあった。契約メーカーのグラブ以外に、個人的な興味で購入した他社メーカーのグラブもあった。当然、試合で使うことはなかったが、どんな革なのか、どういう形なのか、使い勝手はどうかを試してみたかったのだ。また、その体感をもとに、契約メーカーの担当者にアドバイスさせてもらうこともあった。

メーカー側に出した要望は、「頑丈《がんじょう》で軽いもの」という抽象的な内容だった。今にして思えばかなり難しい注文だったのだと思うが、メーカーの方も懸命に試行錯誤してくれた。時間をかけ、こたえてくださった。素晴らしい職人さんたちだと、今でも感謝している。

私は固い質感のグラブを好んで使っていた。柔らかいと、先端がフニャフニャして強い打球に負けると感じていたからだ。前述のように、私は手のひらにほとんど力を入れずに捕球する。たとえ手に力がこもっていなくても、グラブが固ければ打球に負けることはない。

坂本勇人のグラブは私が作っていた

メーカーの方から聞いてうれしかったのは、私のモデルのグラブは野球を始めたばかりの球児に人気があったということだ。初心者には、基本的に変な守りのクセがついていない。そんな人に「使いやすい」と思ってもらえるということは、間違いなく人間の体の構造的に合ったグラブということだろう。そうやってスタンダードなグラブを使っていくうちに、自分なりの個性や使い方が生まれてくるものだ。

また、巨人コーチ時代には、坂本勇人、岡本和真、吉川尚輝に私のグラブをあげたこともあった。坂本などは、「型を作ってください」と言ってきた。そのため、私は早めにグラウンドに行って前述した手順で型を作り、坂本に渡した。それから5年以上も、坂本は私のグラブを使っている。ところどころ破れた箇所を修理して、硬度を保つために、イニング間には簡易型の冷蔵庫に入れているとも聞いた。寿命は過ぎているはずなので、もう替えたほうがいいのでは……とは言っているが、坂本にとってはそれだけ使いやすいということなのだろう。私としても、作ってあげた甲斐《かい》があったというものだ。

坂本は極端な例にしても、グラブの形や使い方には自分なりのこだわりを持ってほしい。ある若手選手に、私が型作りしたグラブを贈ったことがある。数日しか使っていないものなので、1〜2か月は慣らすものだと思っていたのに、翌日にはもう投内連係の練習に使っていた。思わず「それで捕れるのか？」と聞くと、「大丈夫です」と言う。だが、練習を見ると、グラブ側の手に力を入れ、ガンガン握って使っている。練習後、そのグラブを見せてもらったら、もう私が作った型ではなくなっていた……。グラブとはそれくらい繊細なものなのだ。

グラブについて「使えればなんでもいい」という選手もいるが、私に言わせれば、そういう感覚のうちはうまくならないと思う。はめた瞬間にストレスを感じるようなグラブだったら、私なら使いたくない。プロなら、グラブは自分の体の一部のようなもの。わずかな違いでも感じられるだけの繊細さを持っていてほしい。

私はシーズン中に移動する際、荷物にグラブを入れたときに型崩《かたくず》れをするのがいやで、カメラマンが使うようなジュラルミンケースにグラブを入れて持ち運んでいた。中日時代の大先輩である立浪和義さんからは「鳥でも飼っているのか?」と突っ込まれたが……。

「投げる」は「捕る」の延長上にある

「捕る」技術の話が続いたので、「投げる」ことについても触れておきたい。賢明な読者ならすでにおわかりいただけたと思うが、「投げる」ことは「捕る」ことと密接に絡《から》み合っている。しっかり体の中心で捕ることが、安定したスローイングへと結びついていく。

「歩くように捕る」という話をしたが、投げる際も「歩くように投げる」という感覚がわかりやすいだろう。ボールを捕って、右足に体重を乗せ、左足を踏み出して投げる。この動作自体は歩く延長上にあるからだ。実際に歩きながらキャッチボールをやってみるのもいいだろう。捕って、投げる。捕って、投げる。そのリズムを作ることを意識するのだ。

また、キャッチボールの大切さにもつながる。いつも実戦で投げる形でキャッチボールをしていないと、いざ送球するときに乱れがちになる。内野手は内野手のキャッチボールを心がけておけば、捕ってから投げるまでの動きがスムーズになるはずだ。10～25メートルほどの短い距離ならば、投手のように大きく振りかぶるフォームで投げる必要はない。

何度も言うように、すべてはつながっていくのだ。守備がうまくなれば打撃もうまくなるのと同じように、キャッチボールと実戦もつながっている。無理に分けて考えることなく結びつけていけば、自然と練習に対する姿勢も変わってくるだろう。

グラブさばきこそ、内野の楽しみ

これまで述べてきた「捕る」と「投げる」の基本を理解して、自分の体に染み込ませることができれば、プレーに「遊び」を入れる余裕が出てくる。

基本を十分に理解し体得したうえで、自分なりのアレンジを加えていく。例えば、外国人選手が得意にしているような柔らかいハンドリングや、手先の器用さ。観客を沸《わ》かせるような見栄えのいい「華《はな》のあるプレー」を目指すのも悪くない。

そういうプレーは、得てして動作が軽く見えたり、小手先でやっているように見えるもの。だが、これまで私が述べてきた基本をわかっているかどうかで、まったく違うものになる。

基本ができていなければ、ただ雑で適当なプレーに見えるだけで、精度も低い。だが、軽いグラブさばきでも「体の中心で捕る」という大前提となる基本ができていれば、安定感がある。その結果、見ている子どもたちに喜んでもらえるようなプレーができるのだ。

こうしたグラブさばきを磨くことは、内野手ならではの楽しみでもある。合わせやすいバウンドは誰でもアウトにできる。いかに合わせにくい打球をさばけるかが、うまいか、へたかの分かれ目だ。

高校野球などを見ていると、バウンドが合わせきれなくてヤマカンでやみくもにグラブを出す選手をよく目にする。だが、私としては、ヤマカンは最後の手段にしてもらいたい。その前に、先に解説した足の送りなど、バウンドを合わせるための二の矢、三の矢を試すべきだ。そういった技術を駆使しても合わなかったときは、もうヤマカンに頼るしかない。

高校野球は負けたら終わりの世界だけに、プレッシャーがかかって思考停止になるのは理解できる。それでも負けたら終わりだからこそ、勝負の瀬戸際で冷静に技術の引き出しをあけられる選手になってもらいたい。

また、加齢とともに身体能力が衰えてきたときに、どうしても若いころのスピードでプレーできなくなる時期がやってくる。そんなときに我が身を助けるのは、グラブさばきなどの細かな技術なのだ。衰えを技術で補えれば、息の長い選手生活を送ることができる。

ポジショニングは自然と見えてくる

次は、相手打者によって守る位置を微妙に変える「ポジショニング」について。これは、なにも恣意《しい》的に位置を変えているわけではない。大前提として、野球をよく知る必要がある。例えば、右投手が引っかけさせる狙《ねら》いの変化球を投げた際に、右打者が打ったら、どこに飛ぶ確率が高いのか。もし自分がショートなら、引っかけた打球が三遊間寄りに飛んでくる可能性をまず第一に考えるだろう。そこで二遊間寄りに守っていたら、相手にヒットを1本あげるようなものだ。

右投手が左打者のアウトコースにストレートを投げた場合はどうか。やはり三遊間に運ばれる可能性が高いので、二遊間に寄っていれば、ヒットの確率を高めてしまう。

このように投手がどんな球種を投げ、打者がどう打つ可能性が高いのか、そんな基本をひととおり押さえておく必要がある。その基本を覚えたうえで、打者の個性や投手の特徴を当てはめてポジショニングを考えていく。二遊間の場合はバッテリーのサインが見えるので、投手が投げる球種もわかりやすい。そうやって情報を集めていくと、自然と「こっちかな」というものが見えてくるものだ。

打者にしても、様々なクセを持った選手がいる。アウトコースを引っ張ってくる選手もいれば、インコースでも逆方向に流す選手もいる。それまでフルスイングだったのに、2ストライクに追い込まれたとたんにバッティングのスタイルを変えてコンパクトに振る選手もいる。そういったことをふまえて考えていくと、自然と守る位置が決まってくる。

私が現役時代に守っていて「いやだな」と感じていたのは、青木宣親《のりちか》（東京ヤクルト）だ。メジャーリーグに移籍する前は足も速かったので、三遊間をケアしようと寄っていると、狙いすましたように二遊間へと打ってくる。つまり野手がいない方向を狙っているのだ。青木はバッテリーとの駆け引き以外にも、内野手との駆け引きもやっていた。「これだけ狙った方向に打てるのなら、シーズン200本以上のヒットを打つのも当然だな……」と妙に納得したものだ。

そして、ある程度の割りきりも必要だ。例えば自分がセカンドを守っていて、右投手が右打者に対して引っかけさせる狙いの変化球を投げた場合。引っかけた打球を想定して二遊間に寄って守っていたのに、もし、うまくおっつけられて一、二塁間をきれいに抜かれたら、「ピッチャーが悪い」と思うしかない。投手には申し訳ないが、私はそんなふうに割りきって守っていた。あくまで「打ち取ったら」という前提で、守る位置を決める。きれいに打たれたヒットまで捕ろうとしていたら、守るところなどなくなってしまう。

あとは、データと感覚のどちらかを優先するか。私の場合は、確実にそのときの感覚を優先していた。とくに重視していたのは、その日の投手の調子と打者の打ち出す角度。例えば、Aという選手が打席に入った際、前に戦ったときのA選手と今日のA選手では、微妙に違いがあるものだ。「あれ、今日はバットが出てこないな」という日もあれば、「前日は悪かったのに、今日はいいな」という日もある。その日のスイングを見て、ボールに対してバットがどう出てくるかをしっかり確認しておくのだ。データだけを重視してポジショニングを決めると、その日その日の状況に対応できず、限界がある。

また、私は極端にポジショニングを変えることはなく、微調整程度だった。だが、中には大胆なシフトを敷く内野手もいる。ここで1つ注意が必要なのは、自分1人だけがポジショニングを変えるのであれば、スタンドプレーになるということだ。極端なシフトを敷くときは、必ずほかの内野手や外野陣も連動させるようにしなければならない。

もしショートが二塁ベース付近まで寄るのであれば、サードやセカンドも右に寄り、センターは右中間を守らなければ、筋が通らない。わずかに変える程度であれば個人の判断で構わないが、大胆に守るときは、チーム全体を通して臨む必要があるだろう。

第4章

内野のプレーを高める応用テクニック

～実戦の中で使える技～

間一髪でダブルプレーを成功させる方法

前章で解説した様々な基本をふまえたうえで、ここからは少し高度な内野守備の技術について具体的に話していこう。いわゆる応用編の内容だ。

まずは、内野手の華《はな》とも言えるダブルプレーについて。とくに二遊間に転がったゴロでダブルプレーを狙《ねら》う際、最も大切なことは「タイミング」だ。ダブルプレーは、自分１人がしっかりしていればできることではない。わずかなタイミングのズレで、２つ取れたはずのアウトが１つになったり、最悪は１つも取れないということまである。まわりと協力して成立させることを頭に入れておきたい。

とくにカギになるのは、二塁ベース上で待つ受け手への送球だ。受け手がファーストへの送球動作に移りやすい場所に投げるのがベスト。ただ、この場所は人によって違う。もっと言えば、打球や角度によっても違う。そういったことを練習のうちから話し合い、観察し合って、相手がスムーズに送球に移れる場所を知っておくことが必要だ。

例えば私が中日時代に二遊間を組んだセカンドの荒木雅博の場合なら、余裕のあるケースだと、ショートからは二塁ベースより若干《じゃっかん》右側（荒木にとっては左側）に投げておくと、一塁に投げやすかったようだ。

時間がないときは、ベースのやや左側（荒木にとっては右側）。当時は併殺崩《へいさつくず》しの危険なスライディングが禁止される前で、ランナーの当たりが激しかった。ランナーは二塁ベースではなく、野手に向かってくるので、二塁ベースカバーに入る際はケアする必要があった。

それでもベースを越えてまで潰《つぶ》しにくるランナーはいないので、私はゴロを捕ったら二塁ベースより左側に投げておいた。荒木にしてみれば、送球を捕って助走なしにその場で投げなければならなかったが、邪魔をするランナーがいないから投げやすかったようだ。

ショートはランナーが視界に入るからまだいいが、セカンドは打球によってはランナーが背中越しの死角になる。私もセカンドを経験したが、ランナーの圧力は怖《こわ》かった。少しでも早く送球が来てほしいと思いながらプレーしていた。ルールが変わった今ではそんな心配はないだろうが、当時はランナーのスライディングに神経を使うことで、感覚が研《と》ぎ澄まされるというプラスの面もあったように感じる。

逆に、ショートの私が送球を受ける場合は、次に自分が投げる一塁ベース方向に対して極力真《ま》っ直《す》ぐにいきやすいところに投げてほしいと考えていた。いやだったのは、自分の左上に抜けていく送球が来ること。ここにボールが来ると次の動作が遅くなるし、投げづらくなる。スローイングでトップ（送球動作の際に、腕を最も引き絞《しぼ》ったときのボールの

歴史的な二遊間コンビとも言える荒木雅博と著者の「アライバ」は、ファンにもおなじみだ。

位置）を作るまでに時間がかかるからだ。

握り替えの素早さでアウト、セーフが変わってくることもある。そこで私は、85～86ページでお話ししたように、グラブのポケットを2つ作っており、素早く握り替えができる中指・薬指側のポケットに送球を当てるようにして捕ることを心がけていた。

さらに、送球を捕球してから投げるまでのイメージは、「ボールをその場に置いておく」。送球を捕ってからボールを腕で動かして投げようとすると、動作が遅くなる。ボールを体の中心で捕ったあと、ボールをその場に置き去りにするイメージでステップすれば、体は投げたい方向に向かい、ボールを持った両手は結果的に送球時のトップの位置までやってくる。その流れで投げ込めば、無駄のない動きが完成するのだ。

二塁ベースで送球を待つ身としては、ダブルプレーが取れるかギリギリのタイミングの場合、「ここに投げてほしい」という位置があるものだ。とくに一死一、三塁のときは、ダブルプレーが取れなければ失点につながる。だからこそ、捕りやすい位置、投げやすい位置をお互いに知っておかないと、チームに迷惑がかかってしまう。

ただ、どんな選手でも常に最高の送球ができるわけではない。プロとはいえ生身の人間だから、ときにはミスもある。そこで意識したいのは、「決めつけないこと」だ。それぞれに理想は持ちつつも、「ここに投げてくれるはず」と決めつけずに、体が反応できるように準備しておくことが重要になる。送球がそれて、体の中心から腕が外れる形で捕りにいくと、もう正確な送球は望めない。多少それてもヘソの前にグラブがある形で捕球できれば、下半身の力が生きているから、一塁に強いボールが投げられるのだ。

外野フライ以上に難しい内野フライ

内野のフライの捕り方など誰でも知っているし、簡単だと思っている人も多いかもしれない。だが、プロレベルの高く上がった打球となると、ドーム球場ならいざ知らず、屋外球場であれば、外野フライよりも内野フライのほうが難しい。私は若手時代に外野手を数試合経験したうえで、そのことを強く感じた。イメージよりも難易度が高いということで、この内野フライの捕り方は、応用編である本章で取り扱うことにした。

外野フライは、風に煽《あお》られることはあるものの、打球は斜めに上がって斜めに落ちてくるため、プロの外野手であれば、風も考慮した落下点の予測はそう難しくない。だが、内野フライは高く上がると、風の影響をもろに受け、流れながら落ちてくる。垂直に近い角度で上がっているから、ナイターだと遠近感も狂いやすく、スピンがかかった打球だとなおさら。おそらく内野フライを好む選手はいないだろう。

私は内野フライを落としたことがない。ただ、もし自分が内野フライを落とすようなことがあれば、野球選手をやめようと思っていた。それくらい、「捕って当たり前」と自分にプレッシャーをかけて、プレーしていた。

風の影響を受けやすいことに加えて、「時間がある」ことも、内野フライのやっかいなところだ。フライを待っているあいだ、ついよけいなことを考えてしまう。勝負どころでランナーがいると、「これを落としたらサヨナラ負けだ……」といった思いが勝手に頭に浮かぶのだ。

また、内野フライはまわりの選手と激突する危険もはらんでいる。

お互いに危ないと思って声を出していても、引けないときがある。捕球直前になって不安になり、お互いに引いて打球が落ちる「お見合い」を経験した人もいるだろう。だが、対処法はある。

大事なのは、お互いに引かないこと。引くと、お見合いの危険が高まる。そこで、事前にフライの守備範囲が重なる相手と打ち合わせをしておく。例えば、「ぶつかりそうなら、俺がジャンプして上にいくから、お前は下にいてくれ」などと話をするのだ。

内野手同士ならさほど危険はないものの、内野手と外野手が激突すると大ケガにつながる可能性がある。外野手が前進して打球を追っていった場合、視線は空に向いているので足元から先は注意が疎《おろそ》かになりやすい。内野手も、打球を気にしながら後方に走っていくと視野が狭くなりがちで、激突しやすくなる要因が揃《そろ》う。

だが、私の場合はボールだけを追うことはしなかった。打球を追うとともに、外野手の動きも見ていた。その動きを見ながら、「この勢いなら外野に任せたほうがいい」などと判断していた。もし外野手がスライディングキャッチをしたら、私の足元を削られる危険だってある。だから、スライディングをよけるための準備もしなければいけない。お互いにボールだけを見て追ってしまうと、大事故になりかねない。

内野手が後ろに下がって外野手を制して捕ると、だいたいの外野手はムスッとした表情をするもの。外野からすれば自分が捕ったほうが無難という思いがあるし、見せ場を奪われて面白くはないだろう。とはいえ、内心、「よく捕ってくれた」とも思っているはず。フライが内野と外野のあいだにポトリと落ちると、外野手のせいにされることが多いからだ。

マウンド付近で高く上がったフライは、守備に不安がある投手よりも、ファーストやサードが捕りにいくことが多い。これは、二遊間よりも落下点に早く到達できるだけでなく、ボールの軌道も見極めやすいというメリットもある。私が二遊間を守っていたときは、極力ファーストかサードに任せていた。あまり二遊間が行くと、「じゃあ、あいつに任せよう」と他人任せになりがちになる。強い風が吹いているときは捕りにいったが、そうではないときは、心を鬼にして知らん顔をしていたのである。

内野フライ捕球の極意は「他人事のすすめ」

ここでとっておきの内野フライ捕球の極意をお伝えしよう。それは、「他人事のすすめ」だ。

風がある屋外球場では、たとえ自分の守備範囲のような気がしていても、「俺のフライじゃない」と思いながら追っていた。なにを言い出すのかと思われそうだが、私の経験上、それくらいの感覚でいたほうが余裕を生み、かえってちょうど良くなる。

むしろ、フライが上がった瞬間に「俺だ!」などと自己主張する人のほうが、案外、捕球直前になって、「あ、俺じゃなかった……」と引いてしまうものだ。まわりが見えていないことのあらわれと言えるかもしれない。

また、遮二無二《しゃにむに》フライを追いすぎるのも、かえって危ないこともある。あまり一生懸命にフライを追わないということも大事ではないだろうか。巨人コーチ時代も、選手にはこう伝えていた。「風があるときは、フライを追っていても『俺じゃない』と思うくらいの感覚で追って、捕る間際で声を出せばいいから」と。

フライが上がった際は、「相互の声かけが大事」と言われる。だが、プロの試合では、フライが上がった瞬間に各自のポジションで声を出しても、歓声にかき消されて周囲には聞こえない。落下点に選手が集まってきて、ようやく声が届くのだ。

外野手と内野手が同時にフライを追った場合は、たとえ外野手が優先という約束事があっても、内野手としては際どい打球は追わないわけにはいかない。内野手は外野方向にも神経を注ぎながら、「なかなか外野から声が出ないな……」と思いつつ落下点に入り、「まだ声が出ないな……まだ出ないな……、あれ、これ俺か」という感じでキャッチする。そうすれば、直前に外野から声が出ても対応できるのだ。

カットマンは半身でなく正対し、直線ラインでなく「逆くの字」に入るべし

内野手の大事な任務の1つに、中継プレーが挙げられる。とくに二遊間の選手は広範囲にわたってカットマンとして走る必要がある。失点を防ぐためにも重要なプレーだ。

アマチュアの試合を見ていてときどき気になるのは、カットマンの内野手が半身の体勢で外野手からの送球を待っていること。あらかじめ次に投げる方向に体を向けることで、動作が移行しやすいと思われているのだろう。だが、半身だとかえって投げにくいし、外野からの送球がズレたときに捕れる範囲が限定されてしまう。

外野手に対して体を引くのではなく、実は正対したほうが投げやすい。あらかじめ体を

引くと、体が先に流れ、強いボールが投げられない。外野手が投げるまでは正対して、送球を受ける間際に反転して投げる体勢を作ったほうが投げやすいのだ。それに、正対すれば、ボールが横にそれても反応できる。ただ、右下の位置に投げられると次の動作に移りにくいので、私は避けてほしいと思っていた。それ以外の場所なら、なんとかさばけるのだ。

外野からいいボールが来たら、体を左後ろに回転させて振り向きながら捕って投げる。イメージとしては、「捕ったボールはその位置から動かさず、体を回すことで自然とボールがトップの位置まで来る」という感じ。これは、前述したダブルプレーの送球を素早くする技術と同じだ。プロの選手にとっては基本動作と言っていい。捕ったあとにボールを動かしてしまうと、さらにスローイング動作のためによけいに腕を動かさなければならない。

選手によっては、たとえ正対していても投げる方向に意識が向き、左足側に重心が流れてしまうこともある。そういう選手は送球を受ける前に「右足6：左足4」くらいの重心の意識を持っていれば、結果的にちょうど良くなるもの。練習で常に意識していれば、試合ではなにも考えずにできるようになる。巨人コーチ時代にも、カットプレーで体の中心で捕れない選手はいた。指摘してもあまり実感が湧《わ》かない選手には、あえて極端に、「右足の前で捕ってみなさい」と言った。何事も自分のイメージと実際の動きが噛《か》み合わないときは、極端にやってみると、吉と出やすい。

そしてカットプレーでポイントになるのは、位置取りだ。よく指導者から教わるのは、「外野手と送球するベースを直線で結んだラインに入れ」ということだろう。

だが、私はその教えに疑問がある。きっちり直線で入ってしまうと、カットマンが反転して次の塁に投げるときに体が入り込みすぎる感覚があるのだ。外野からの返球がちょっとでも左側にそれると、もう次の塁に投げるのは体勢的につらくなる。

そこで私が推奨《すいしょう》しているのは、カットプレーでは「逆くの字」の位置に入ることだ。直線上よりわずかに右側（外野手から見たら左側）にズレて、カットに入る。この「逆くの字」のほうが、様々なメリットがあるのだ。

まず、カットマンが次の動作に移りやすい。さらに内野手の送球は得てしてシュート回転が強くなるので、やや右側にズレていたほうが結果的にボールをコントロールしやすい。さらに外野手にとっても先の目標が見えたほうがイメージは湧きやすく、強いボールが投げやすい。カットマンが目標を隠すと、カットマンにピンポイントで投げようとするため、コントロールを重視してボールがタレて（失速して低めに落ちて）しまいやすい。内野手が求めている返球は、自分を通過してその先へと伸びていくようなボールだ。タレたボールが来れば低い位置で捕球することになり、次の動作に移るのにタイムロスになってしまう。

さらに注意が必要なのは、レフト線の打球にショートがバックホームのカットマンに入

バックホームのときのカットマンの逆「く」の字の入り方

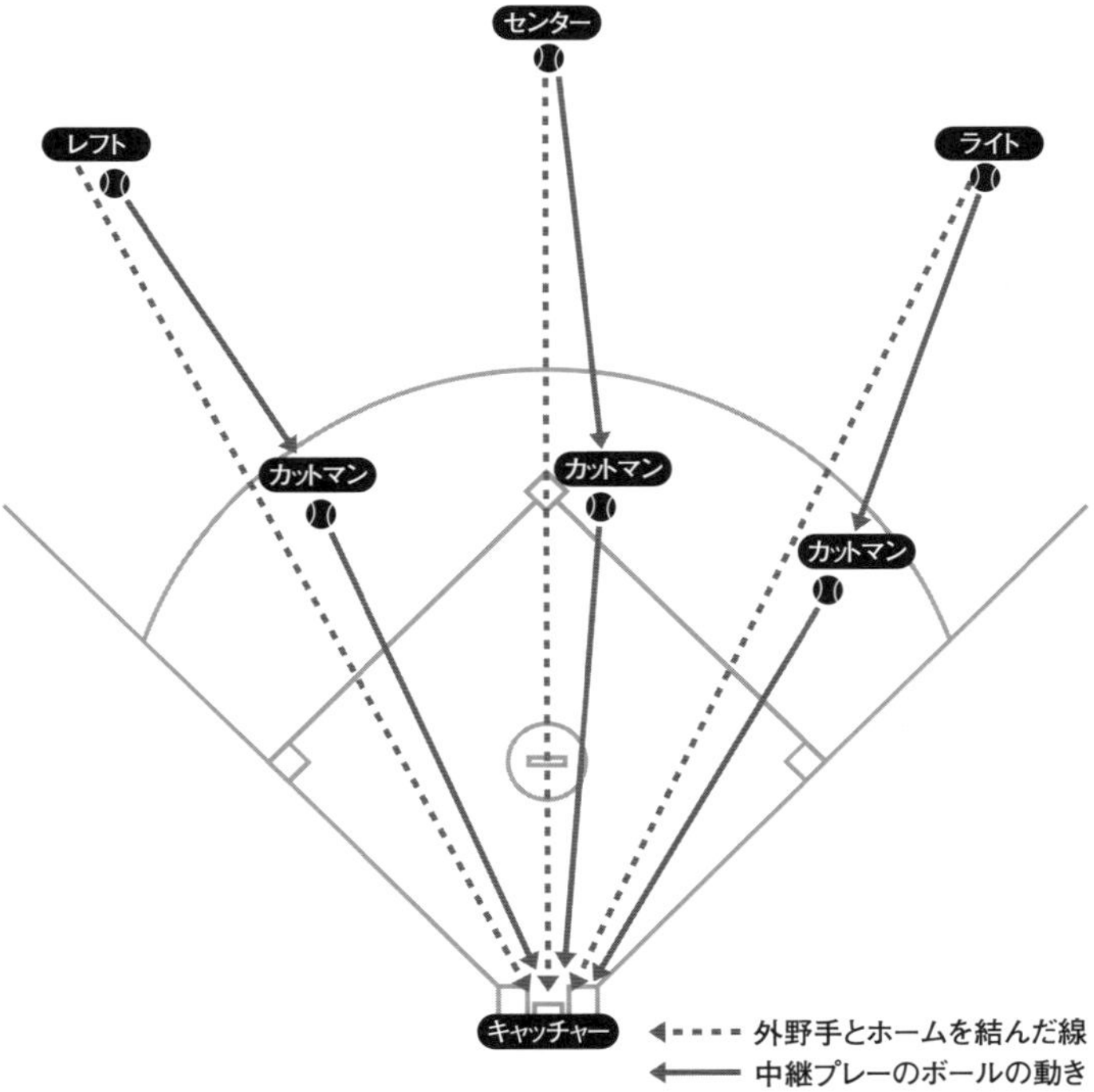

カットマンは、外野手とホームを結んだ直線上から少しだけ右にずれた位置に入ったほうがそのあとの送球動作にスムーズに移ることができ、また外野手も目標を定めやすい。

る際のこと。ショートがホームまでの一直線上にカットに入ってしまうと、ランナーの背中に向かって投げなければならなくなる。このときは完全なる「逆くの字」にしないと、ランナーに送球が当たってしまう。このことを知らずにプロに入ってくる選手も、意外と多い。

実際にやってみて、少し考えてみれば、「逆くの字」でカットに入ったほうがやりやすいことは明白だろう。第1章で述べた「正面で捕れ」「前に出ろ」への疑問にも通じるが、「直線で入れ」という旧来の教えに縛《しば》られずに、物事の本質を追求してほしい。

カットプレーは外野手とのコミュニケーションが試される場

カットプレーでは、外野手とのコミュニケーションも重要になってくる。ここではおもに中日時代の同僚だった外野手を例に出して語っていこう。

返球が良かった外野手として思い出されるのは、中日時代にともにプレーした和田一浩《かずひろ》さんだ。和田さんの返球は強くはないのだが、捕りやすい場所に伸びてくる。私たちはこういうボールを、「息の長いボール」と呼んでいる。どこまでもスーッと伸びていくような球筋だから、カットマンは捕りやすく、多少それてもこちらでなんとかできる。さすが和田さんは元キャッチャーだな、と感心していた。

藤井淳志《あつし》は球界屈指の強肩の持ち主だが、コントロールはもう1つだった。送球が少しでもズレるとボールが強すぎるからこちらは捕れないし、カットマンとしてはなかなか難しかった。「強肩外野手」の触れ込みで入ってくる選手は、だいたい最初はコントロールが悪く、年齢的に少し衰えが見え始めたころに正確になっていくものだ。

とはいえ、守備固めで活躍した英智《ひでのり》（現中日二軍外野守備・走塁コーチ）のように技術のある外野手は、送球の「使い分け」ができる。外野手1人でランナーを刺しにいく強いボールも投げられれば、カットマンに捕りやすいボールも投げられる。私にとって同い年のスターで、巨人でチームメイトになった高橋由伸（元巨人監督）もそういうタイプだった。彼のカットマンへの返球は、プロに入ったころからうまい内野手の送球のように見えた。

内野手は、カットマンとして外野手をよく観察しなければならない。例えば、「どこまで深く追うか？」ということも大事な判断になる。

よく「外野手の肩が強い場合、内野手は離れた位置に入るべき」と言われるが、一概《いちがい》にそうとは言えない。例えば外野手のあいだを抜けてクッションの跳《は》ね返りもほとんどなかったら、そんな深い位置まで追った外野手からいいボールは返ってこない。素手《すで》で捕って振り向きざまに投げても、強いボールは投げられないからだ。

肩が弱い外野手でも、クッションに強く跳ね返った打球ならいいボールが返る確率が高い。カットマンはクッションの跳ね返りの強さも予測して、自分が入る位置を決めるのだ。

一生懸命に走っても、近すぎて返球が詰まったら意味がないし、外野手にしても気分が悪い。逆に遠すぎたら返球が乱れて、ランナーに進まれてしまう。カットマンは、外野手が勢い良く投げられる位置、体勢なのかどうかをしっかりと見て判断しなければならない。

連係プレーというのは、まわりの人がいい塩梅《あんばい》で絡《から》まなければ成立しない。だからこそ、まわりを見る必要があるし、まわりを知ることが大事なのだ。そこで、内野手と外野手のコミュニケーションが生まれる。外野手にはカットマンを介《かい》さずに自分1人で送球したい「投げたがり」が多い。自分のチームの外野手が「投げたがり」かどうか、把握《はあく》しておく必要がある。たとえ1人で投げたいタイプだとしても、走者を進ませたくないケースではカットマンの捕れる範囲で投げてくれと要望を出すなど、練習や試合の合間にコミュニケーションをしっかりとり、意思疎通を図っておくべきなのだ。

ショートのセンスが問われる二塁牽制《けんせい》

二遊間の選手にとっては、「二塁牽制《けんせい》」は重要な仕事の1つだ。得点圏のランナーなのだから、もしアウトにできれば、一気にピンチから脱することができる。

二塁牽制には様々なバリエーションがあるが、使えるパターンがチームで1つしかなければ、よほど気を抜いているランナー以外はセーフになってしまう。ランナーの動向を探る様子見の牽制に加え、アウトにするための牽制は、2パターン以上用意しておきたい。それらの選択肢の中から、二塁ランナーのタイプに当てはめてチョイスしていくのだ。

そのバリエーションで、キャッチャーの合図で二塁ランナーを刺しにいくサインプレーがある。ショートが二塁ベースに入った瞬間にキャッチャーが構えていたミットを下げるなどして合図を出し、それを見たピッチャーがターンして二塁牽制するというものだ。

だが、私に言わせると、この牽制は間《ま》が長すぎると思う。キャッチャーはピッチャーがセットポジションに入ってからずっとミットを構えているわけだが、通常時ならモーションに入る直前まではリラックスしてミットを下ろしているはずだ。この時点で違和感がある。巨人コーチ時代、一塁ベースコーチに入っていると、こうした相手キャッチャーの動きに違和感を覚えて、二塁牽制を察知することがよくあった。とくに広島はこの牽制パターンを使う頻度《ひんど》が高かったので、わかりやすかった。

ランナーはどうしてもピッチャーを注視しているから気づかないかもしれないが、そもそも変な間ができて「なにかあるな?」と思わせた時点で、牽制の意味がない。この方法よりは、二遊間のどちらかが別のきっかけで入ったほうがアウトにできる可能性は高い。

では、捕手の合図なしに、どうやって牽制を成功させるか。まずは入り方、位置を工夫する。二塁ベースに入るタイミングはなかなか難しい。完璧《かんぺき》なタイミングで入っても、その瞬間にピッチャーがうまくターンして投げてくれるかはわからないし、ショートがチョロチョロと目立つ動きをしていたら、ランナーに警戒される。ポイントは、アウトにできると思ったときに、いかにランナーを無警戒にさせるか。油断している様子があり、このランナーなら刺せそうだと感じた場合は、あえて1球、2球と様子を見て、さらに油断させる。ショートからピッチャーに、「もうバッターにだけ集中すればいいよ」という雰囲気を出す。その機転が利くかどうか、ランナーを引っかけられる演技力があるかどうかが成否の分かれ目だ。

中日時代、二塁牽制のサインは、ショートの私が出していた。私が牽制のサインを出すときは、極力「牽制ないよ？」という雰囲気を発するようにしていた。そこにかけては、妙にこだわっていたのだ。ただ、その雰囲気に流されたピッチャーが、「牽制のサインはないな」と勝手に判断して、最後に出そうと思っていたサインを見落としてしまうこともあった。だからピッチャーには、「サインは必ず最後まで見てくれ」と伝えていた。

中日の二塁牽制と言えば、私の若手時代にいたベテラン投手の方は独特だった。広島、中日のほか、東北楽天で活躍した紀藤真琴《きとうまこと》さんは、こう言っていた。

「(二遊間からの) サインなんていらねぇだろ。俺がセカンドを見たときに、まばたきをするから。お前はサインを一切出さなくていい」

つまり、ピッチャーからのアイコンタクトだ。こんなテクニックで1回でも刺せると、相手は「サインが出ていないのに刺されたぞ」と必要以上に警戒してくれるから、ラクになる。ベテランにはいろんな引き出し、やり方があるものだなと驚かされた。

私もこの考え方にヒントを得て、三盗の意識がある二塁ランナーが出たら、あえてブロックサインを出さずにノーサインの牽制で刺すこともあった。「牽制はないよ～」という雰囲気を出していると、三塁ベースコーチがそれを見て、「(牽制は) ないぞ～」と言ってくれたりもする。その声が逆に、アシストになることもあった。

ランナーに警戒されないようにするには、ショートの立ち位置も大事だ。ランナーの後ろや二塁ベース寄りにいると、ランナーもベースコーチも警戒する。あくまでランナーより三塁寄りにいること。あとはどのタイミングで行くか。ランナーの体重のかけ方にクセがあるとか、セットに入ってから一歩出るクセがあるとか、ランナーのリードを後ろからよく観察する。そのクセを見ながら、いかに静かに二塁に行けるかが勝負だ。当然、遠い位置から一生懸命に走ると気づかれる。そのタイミングこそ、二塁牽制の命だ。

入り方にバリエーションを作ると、さらに読まれにくくなる。毎回同じような動きでサーッと入るだけでなく、入る位置やタイミングを変えてみる。もしくは、あえてランナーより二塁ベースに近い位置にいて、「牽制かな？」と見せかけて牽制を入れないというパターンもあった。このあたりはランナーの動向に応じての揺さぶり、駆け引きになる。

そしてこれは、さらに心理戦の技になるが、ノーマークのときはブツブツとぼやいていた。二塁ランナーに聞こえるように、「牽制のサイン出したのに、あのやろう……」などとつぶやくのだ。要は、牽制球のサインを出したのに、ピッチャーが見落としたというフェイクである。するとランナーは、「またあるんじゃないか？」と疑心暗鬼《ぎしんあんき》になり、二塁ベースに釘《くぎ》づけにさせることもできるのだ。

ただ、二塁牽制は、必要なとき以外、極力やらないほうがいい。間延びすることもあるし、悪送球になったときには三塁に行かれてしまうなどリスクも大きいからだ。

二塁牽制で怖いのは、1回牽制を入れたら「2回目はない」と思われるところにある。一塁牽制とは違い、二塁牽制を2回続けることはほとんどない。ランナーによっては、二塁牽制でセーフになったら「次はないな」と踏んで、三盗のスタートが切りやすくなる。

実は、足を武器にするランナー相手に二塁牽制を入れることは、あまりない。むしろ足が速くなくても油断しているランナーや、ピッチャーがセットポジションに入る前からリードの大きいランナーのほうが、二塁牽制に引っかかりやすい。やみくもに二塁牽制のサインを出すのではなく、相手の様子をよく観察して、駆け引きの中で試みるべきなのだ。

内野手に密接に関わってくる「バッテリーの守備力」

二塁牽制がうまかった投手として印象深いのは上原浩治《こうじ》（元巨人など）だ。２００３年のアジア選手権で日本代表のチームメイトとして戦ったが、抜群のセンスを感じた。投球時のボールと、フィールディング時のボールとでは質がまったく違う。上原の守備のときの送球は、まるで野手のように軽い。糸を引くような真っ直ぐで、非常に捕りやすかったのだ。

中日時代で守備のうまい投手と言えば、川上憲伸《けんしん》や浅尾拓也《たくや》（現中日二軍投手コーチ）の名前が挙がるが、川上はややシュート回転していたし、浅尾も動きこそ速いものの球筋が暴れるクセがあった。ボールの回転、コントロールともに上原の送球はピカイチだった。

スローイングのいい捕手にも触れておこう。だが、思い返せば私はほとんど谷繁元信《たにしげもとのぶ》さん（元横浜・中日、元中日監督）のボールしか受けたことがない。谷繁さんの二塁送球は、二塁ベースからショート側にそれることがほとんどなかった。ランナーにタッチがしやすく、コントロールがいいから、「早く二塁ベースに入ろう」という気を起こさせない。相手の盗塁の際に、セカンド、ショートが二塁ベースに向かうのが早すぎると、ランエンドヒットだった場合、打球に対応できない。本来ならさばけていたはずの打球が抜けていくことほど、内野手として情けない状況はない。だから、我々内野手からすれば、谷繁さんは理想的な捕手だった。年齢を重ねて肩の強さが衰えてきても、捕ってから投げるまでの素早さは年々上がっていたように思う。

また、内野手にとって不思議と「守りやすいバッテリー」というものがある。私にとって捕手は谷繁さんなので恵まれていたが、投手によって相性があった。例えば山本昌《まさ》さん、川上、吉見一起《かずき》といったコントロールのいい投手は投げるボールがほぼ狂わないという計算が立つので、打球が飛んでくる前から予測がしやすい。

逆に相性が悪かったのは川井雄太《ゆうだい》（一時期の登録名は、川井進、または、雄太）だ。彼は変則的なクセ球の持ち主だからなのか、相手打者の打球まで変則的だった。前後に不規則な変化をするだけならまだしも、油断しているとピュッと横にも跳ねてくる。川井がマウンドに立つときは、いつも奇妙な緊張感に包まれていたのだった。

前進守備は文字どおり「前進」すると、打者を助ける

試合中にランナーが三塁に進み、1点もやりたくない場面では「前進守備」のシフトを敷くことがある。

文字どおり極端に「前進」して守る内野手を見ることがあるが、もし私が打者なら「ラッキー」と思う。内野手が前に出れば出るほど、ヒットゾーンは広がるのだから。打者からしてみれば、「バットに当たれば、内野のあいだを抜けるんじゃないか」「多少詰まっても、内野の頭は越えるはず」と心理的に余裕を持って打席に入ることができる。必要以上の前進守備は、打者に気持ち良くバットを振らせてしまう悪手だと覚えておいてほしい。

そんな考えもあり、私は前進守備といっても、あまり極端に前に出ることはなるべく控えていた。ここで注意しておきたいのは、三塁ランナーの動向だ。

三塁ランナーに、ベンチからどんな指示が出ているか。とくにケアしなければならないのは、もしランナーに「ギャンブルスタート」の指示が出ていた場合。ギャンブルスタートとは、バットに当たった瞬間に三塁ランナーがホームに向かってスタートを切る作戦だ。

ランナーの動きを見ていれば、ギャンブルスタートするつもりかどうかはすぐわかる。ランナーは打者のバットとボールが当たる瞬間にスタートを切ろうと神経を集中させるため、通常時とは明らかに雰囲気が違うからだ。ギャンブルスタートだと思ったら、少し前にポジショニングをとって攻めていかないとバックホームが間に合わない。ギャンブルスタートよりも緊急性が薄い「ゴロゴー（ランナーは、ゴロが転がったと判断したあとにホームへスタートする）」であれば、ポジショニングを変える必要はない。

シフトごとの内野守備位置の違い

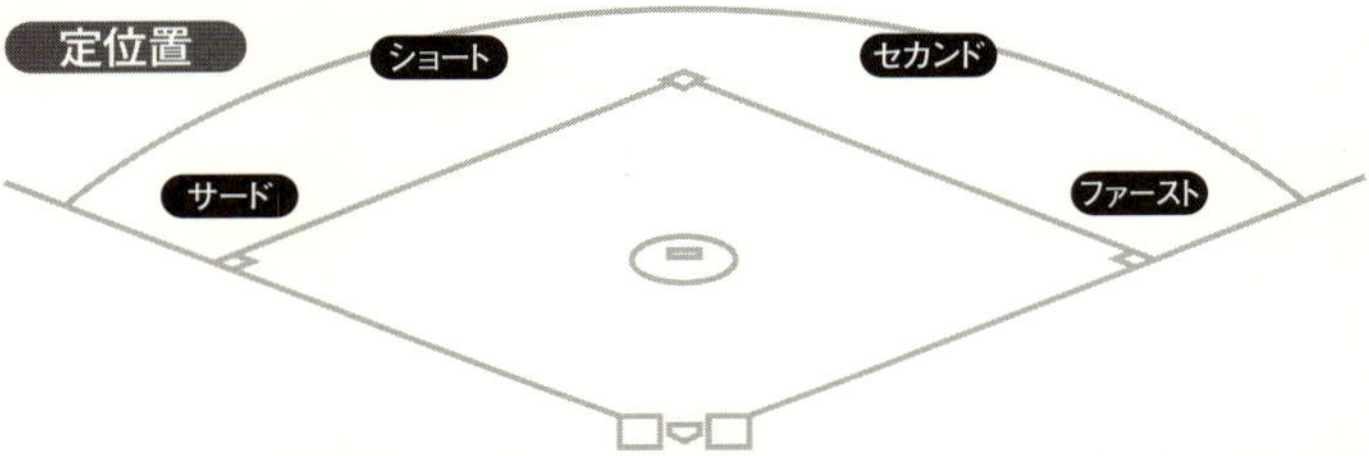

ランナーがいない場合、あるいは点をやってもかまわない状況では通常の位置に守る。

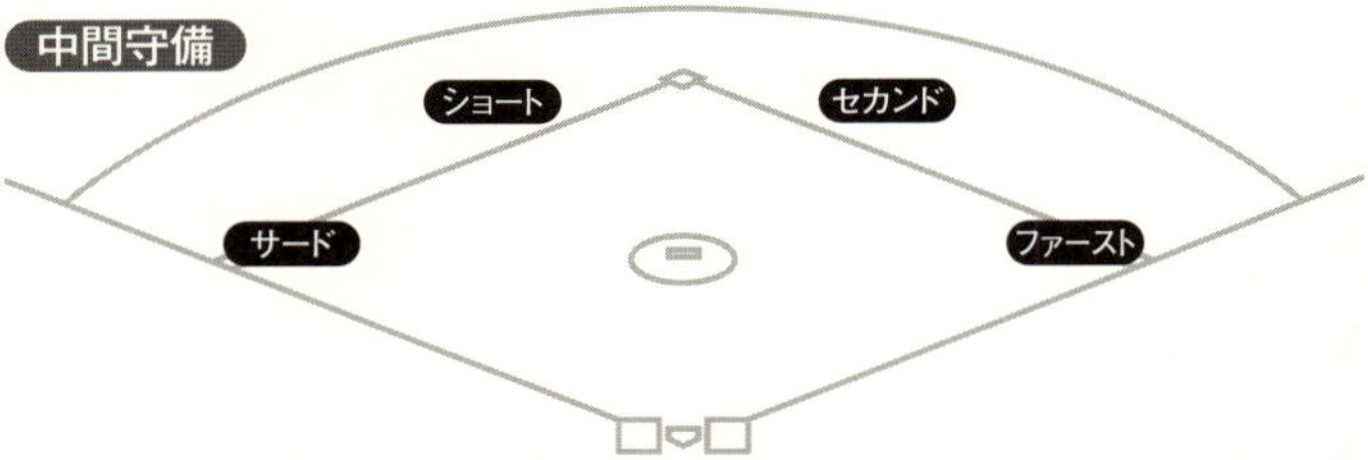

打球次第でバックホームかダブルプレーかの対応を変える。瞬時の判断が要求される。

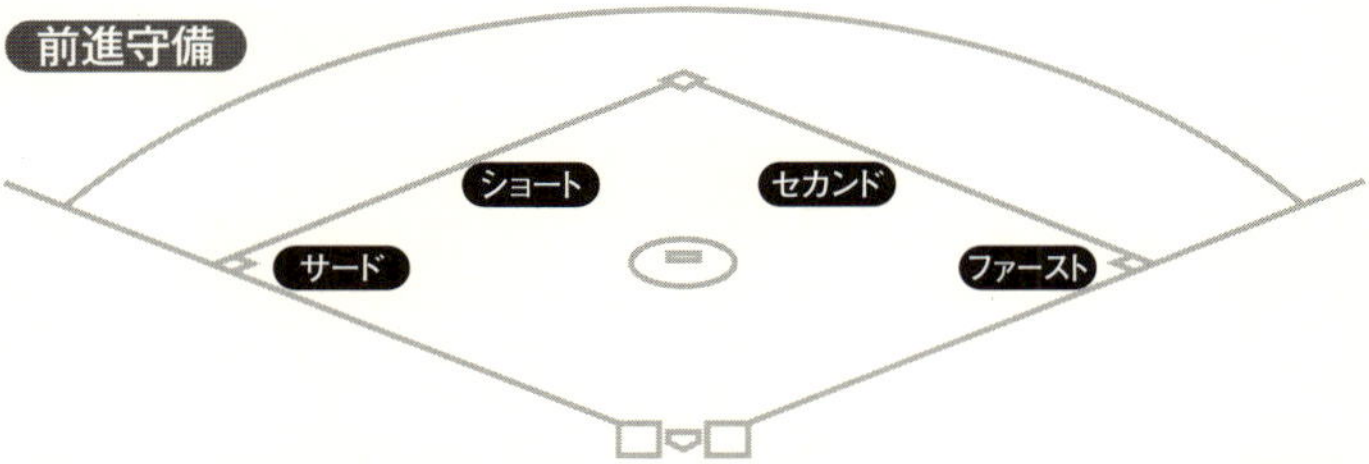

三塁走者をかえさないように守る。ただ、極端に行うとヒットゾーンが広くなる危険も。

バックホームの送球は低い位置に投げることが鉄則だ。理想はキャッチャーが捕球したそのままの位置にランナーの足が来ること。ミットを動かさなくてすむため、ロスが少ない。キャッチャーがタッチにいく動作は、ランナーにかわされる可能性がある。私は、ショートバウンドでもいいから低いボールを投げようという感覚でプレーしていた。

判断力が求められる「一、三塁」でのプレー

試合中には、守りにくく判断力が問われる難しい局面がある。その最たる例は、無死、または一死で、一、三塁という場面だ。

中間守備を敷き、打球によってバックホームするのか、ダブルプレーを狙うのか、瞬時に判断を下さなければならない。セオリーとしては、二遊間側に飛んだゴロはダブルプレーを狙い、サイドの一、三塁側への打球はバックホーム。あとは、打球の速さによる。速い打球ならばダブルプレーを狙えるし、ボテボテのゴロなら2つアウトを取ることは難しくなる。

一死一、三塁の場面で、自分は「いける」と踏んでダブルプレーを狙ったのに、一塁がセーフで1点を失ったときは、ショックを受けるものだ。どこが間違いだったのか、自分の判断のせいなのか、セカンドとの連係の問題なのか……と原因を考え、引きずってしまう。

私はコーチになってから、選手の選択ミスについて叱責《しっせき》することはなかった。レギュラーになりたてのころは、誰でも選択ミスはする。自分がいけると思ったのに失敗したなら、また考えればいい。そこであれこれ指摘すると、守る選手としてはバックホームするしかなくなる。それなら中間守備にする必要はなく、すべて前進守備にするべきだ。

こういうとっさの判断力は、試合で磨くしかない。いくら実戦練習を積んでも、練習は練習。いかに本番でできるかが肝要なのだ。

シートノックにあまり加わらないピッチャーの場合、また雰囲気が変わってくる。例えば一、三塁でピッチャーゴロが転がった場合。試合では、当然ながら2人のランナーが走っているし、ピッチャーはどうしても目の前の三塁ランナーが気になって見てしまうもの。ダブルプレーを取れるタイミングなら、ショートは「こっちだ！」と、いつも以上に強く意識づけられる声を出さなければならない。

ランダウンプレーの理想と現実

次は、ランナーを塁間に挟《はさ》んで追い込み、アウトを取るランダウンプレー（挟殺《きょうさつ》）について。内野手なら必ず経験するプレーだけに、そのコツを覚えておきたい。

ランダウンプレーのポイントは投げ手だ。投げ手が送球するタイミングが早すぎればランナーに逃げられるし、遅いと距離が詰まってセーフになる。多くの選手は早めにボールを離すが、ランナーを追い詰めてアウトにするためには、いかにちょうどいいタイミングで送球できるかが勝負の分かれ目となる。

まず考えなければならないのは、言うまでもなくランナーに進塁を許してはいけないということ。先の塁ではなく、手前の塁に追い詰めていくのがセオリーだ。ランナーが複数いる場合はなおさら。そして理想は受け手にボールを渡して、勢いをつけて2〜3歩のところでタッチアウトにできるのがいい。練習では受け手がボールを欲しいタイミングで大きな声を出して呼ぶが、プロの試合では声など聞こえない。「結局は、投げ手のセンス次第」と片づけてしまえば簡単だが、なかなか難しいプレーだ。

送球の項でも触れたように（37ページ参照）、投げ手がボールを見せておいたほうが受け手は捕りやすい。そして個人的には、ランダウンプレーのときに「偽投《ぎとう》（ボールを投げるふり）」はあまりやってほしくなかった。一度はボールが来るものと思って上体を起こしたのに肩すかしになって、再びボールが来たときにまた上体を起こすので、グラグラと不安定になる。体勢が崩《くず》れれば、それだけ捕球ミスにつながる恐れがあるのだ。とはいえ、ランナーにとってはフェイントになって惑わせることもできるので、「ここぞ」というときには使うべきだろう。偽投はあまりやみくもには使わないほうがいいという意味だ。

ランダウンプレーで何往復もボールのやりとりが続くと、苛立《いらだ》った指導者から激怒されることがあるかもしれない。だが、長時間アウトにできなくてもあまり焦《あせ》る必要はない。二死の場面ならなおさらで、時間をかけてでも確実にアウトにすればいい。

なぜかと言うと、うまいランナーであれば、挟《はさ》まれたあとでも時間をかけようと思えばかけられるからだ。これはランナー側の立場で考えてみよう。

へたなランナーに限って、挟まれたあとに自分から動いてしまう。だが、その場で待っていれば相手が走って追いかけてくるから、それだけで時間が稼げる。あとはボールではなく、動いている野手を見ておけば送球のタイミングは予測できる。だいたい受け手が捕る直前にグラブを上げてボールを要求するので、そのジェスチャーを見た瞬間に切り返すのだ。これを繰り返していれば、意外とアウトにならずに粘れる。

守備側としてはランナーに察知される可能性があるからといって、ジェスチャーをしないわけにはいかない。投げ手が球を離すタイミングがつかみにくいからだ。

プロの練習メニューにも必ず組み込まれているプレーながら、それでも失敗することが少なくないのがランダウンプレー。内野手同士で呼吸を合わせて、センスを磨くことで精度を高めていきたい。

サードなら勝負にいってほしいバント処理

ファーストとサードにとっては、バント処理も大切な仕事だ。ピッチャー、キャッチャーとも連係して、相手に簡単にバントをさせなければ、ピンチの拡大を防げる。

ランナー一塁の場合、ファーストが処理するなら、二塁で刺すことは難しいだろう。牽制球に備えて、ピッチャーがモーションに入るまで一塁ベースに張りついているためだ。ただ、相手のバントの勢いが強い場合は、積極的にダブルプレーを狙っていきたい。

一方、サードは、ピッチャー前までのチャージを心がけたい。そうすれば、ピッチャーも投球後に、ファースト寄りにマウンドを降りられて、カバーできる範囲が広がるからだ。

守備側にとってはアウトを1つもらえるのだから、バントをさせて確実にアウトを1つ取るというのも手である。状況によっては、厳しいプレッシャーをかけなくてもいい。

逆に、「やらせたくない」ケースもある。その場合は、いかにサードがチャージして、相手にプレッシャーをかけられるか。プロの場合、ベンチからバントシフトのサインが出るのは試合終盤だけ。ただ、セ・リーグの試合はピッチャーが打席に入るため、序盤でも「九分九厘バント」というケースもある。私がサードを守っているときは、そんなケースでは積極的に仕掛けた。ピッチャーならばきれいにバントを決められる選手も少ないし、左打者ならばなおさら三塁側に転がることが予測できる。だから、バントする瞬間には打者の目の前にいて、二塁でランナーを刺し、あわよくばダブルプレーを取りたいという思いがあった。

2018年の巨人は、ケーシー・マギーがサードのレギュラーだった。スローイングは非常に安定していたが、動きは機敏とは言えない。コーチとしては、もう少し素早く動いて二塁で刺してほしいと願うこともあったが、なによりも大事なことはミスをしないこと。もどかしさはあるものの、アウト1つを確実に取るという意味では、最低限の仕事はしてくれた。

ただ、相手に「送りバントを簡単に決められる」と思わせてしまうようなチームは、決して強いとは言えないことも、読者のみなさんにはお伝えしておきたい。

回転にもコツがいるアクロバティックプレー

セカンドの打球処理中の動きとしてよくあるのが、「回転して投げる」という動作だ。アクロバティックに見えるため、観客が沸《わ》くプレーである。

この回転にもコツがある。最もいけないのが、瞬時にクルッと回って両足で着くこと。この動きでは、続く送球動作が乱れてしまう。巨人の吉川尚輝は動きが速すぎるため、目いっぱいのスピードで回ったあと、一塁ベースコーチに当ててしまいそうな大暴投を犯していた。

ポイントは「歩くように投げる」ことをここでも実践することだ。自分がターンしているときでも、自分が今どの位置で回っているかを把握しながら、必ず右足、左足、右足、左足……と順序良く足を運ばなければならない。回転しながら一塁の位置を確認するくらいの余裕がないと、やみくもに投げてとんでもない方向にボールが行きかねない。

右足、左足……と足を運んで回転して、送球動作に入って右足、左足と着くあいだに投げる位置をさがして送球することが重要だ。勢いがつきすぎると、方向がわからないまま投げなければならなくなり、精度が低くなってしまう。

その点、足の速い選手は大変だと思う。吉川尚輝がまさにそうだったが、足が速いから右足、左足……と着く足運びまで速く、腕が追いつかない。ボールを離すときには体はもう先に進んでしまっているから、どうしても送球が乱れてしまう。だから、動きすぎてしまう彼には、「セーブすることも大事だ」と伝えていた。

吉川尚輝とともに田中俊太も回転してからのスローイングに難があった。18年、プロ入りして直後の試合で2~3回連続で暴投を放ったことがあり、毎日、ノックの終わりに3球くらいはその動きを練習させた。回りながら右足、左足……と着いて投げる。意識して練習していけば、確実にうまくなる。それで、田中俊太の守備はかなり上達していったのだ。

「アライバプレー」が生まれた背景

中日時代、セカンドの荒木が二塁ベース寄りのゴロを逆シングルで捕り、ショートの私にグラブトスをして一塁に送球するプレーがあった。周囲が「アライバプレー」と呼んでいたことは、のちになって知った。高校球児など多くの選手たちがマネしてくれたそうで、今でも「アライバプレーはどうやってやるんですか?」とよく聞かれる。

このプレーは、そもそもがダブルプレーの応用だ。二塁ベース付近の打球をセカンドが捕っても、位置的に一塁に強い送球を投げることは難しい。180度回転してジャンピングスローするか、右足で踏ん張って投げるか。いずれにしても相当な地肩の強さが必要になり、時間もかかりすぎてしまう。荒木も、自力ではなかなかアウトにできていなかった。

だが、ランナー一塁の場面で二塁ベース付近の打球が来た際、荒木が私にグラブトスで送球してダブルプレーを間一髪で成功させていた。これをヒントにして、「ランナーがいなくてもやっちゃおうか?」という発想になったのだった。

ショートの私ができることは、荒木がトスしやすい位置まで一生懸命に走っていくこと。荒木の動きをしっかり見ておけば、どのあたりにいればいいかはわかる。あとは、荒木が私に投げてくるかどうか。荒木も毎回私を頼ってくるわけではないので、荒木の近くまで走り込んでもトスがこないことのほうが多かった。おそらく荒木には、「ここは余力があるから、自力で投げられる」「ここは任せたほうがいい」といった判断基準があったはずだ。

頻度としては、年に1～2回しかなかっただろう。ただ、このプレーを試みるときは、だいたいアウトにできていた。セーフになった記憶はとくにない。

また、これを言うと驚かれるのだが、このプレーを練習したことは1回もない。実戦の中で生まれ、実戦でしかやったことがないプレーだった。

成功させるのがなかなか難しい連係プレーだとは思うが、この本を読まれた二遊間プレーヤーの方も、機会があったらチャレンジしてみるのもいいだろう。

グラブトスの極意

前項の話に関連して、グラブトスにも触れておきたい。

アライバプレーの多くは、セカンドの荒木からショートの私にグラブトスでボールを受け渡していた。思えば、私は荒木からしかグラブトスでボールを受け取った記憶がない。

荒木のグラブトスは非常にうまかった。二遊間のゴロを逆シングルで捕球して、そのままフワッと浮かす。抜けたり、引っかけたりすることはなかった。

おそらく荒木の中には、私を目がけてボールを放《ほう》る感覚はなかったはず。ただでさえ、逆シングルで捕球した段階で二塁ベース方向に勢いがついているのだ。そこから目標方向に「投げる」という感覚だと、イメージ以上に勢いがつきすぎてしまう。むしろ真上に上げてやる感覚でトスすれば、ちょうど良くなるものだ。

私自身、グラブトスをする際に気をつけていたのは、「手首をあまり使わないようにする」ということだった。手首で操作しようとすると、ボールがどこに行くかわからなくなる。これはあくまで感覚的なものだが、私はグラブ内の指先を使ってボールを離すイメージだった。手首は最後にボールを押してやる程度だ。

もし、草野球の試合でグラブトスを成功させたいと考えている読者がいたら、こんなイメージでプレーするのはどうだろう。打球を捕ったら、グラブをパッと広げて「手がカベになった」という意識を持つ。そのうえで目標方向に押してやると、狙ったところに正確に投げられる。グラブを閉じた（ボールをしっかりと握った）状態から、グラブを開きながらトスすると、ボールが引っかかってしまう可能性が高くなる。

グラブを開くこと、手首で操作しようとしないこと。グラブトスの極意はここにあると私は考えている。

第5章

超ハイレベルの内野守備戦略と裏技

~門外不出のプロの奥義《おうぎ》~

内野手がランナーと会話する理由

本章では、これまで述べてきた内野守備の基本・応用から、さらに発展させた最高レベルのプロ選手の技術や思考、戦略、または別角度の視点からのマル秘テクニックについて語っていこう。中にはプロならではの「裏技」じみた内容で、アマチュア野球では使えないものもあるかもしれない。それらは、あくまで参考としてお楽しみいただけたらありがたい。

プロ野球のテレビ中継を見ていると、試合中に守備中の選手とランナーが何事か会話しているシーンを目にするだろう。「どんな会話をしているんですか?」とよく聞かれるが、内容は実にたわいない日常会話だ。

しかし、守備中の選手にとっては、相手に探りを入れる絶好のチャンスでもある。あくまでプロでの話なので、少年野球や中高生のアマチュア選手が実践すると怒られてしまうかもしれないが、草野球レベルでは有効かもしれないので、参考までにお伝えしよう。

私がショートを守っているころ、二塁に足の速いランナーが進塁してきたら、必ず話しかけるようにしていた。もし返事がなかったり、心ここにあらずという雰囲気だったりしたら、要注意。三盗を狙うあまり、意識が三塁方向に向いている可能性が高いからだ。

三盗を狙っている選手は、二塁に到達した瞬間に三盗しようと決めるわけではない。ずっと前から三盗しようと考え、選手によっては試合前から狙《ねら》っている。だから二塁に来た瞬間に声をかけて、返事があったらひと安心なのだ。

いつもの会話での反応を覚えておくと、違和感を察知しやすい。私の場合、中日在籍時に、巨人の二岡智宏にしてやられた記憶がある。二岡が二塁に来た瞬間に話しかけると、こちらをチラッと見ただけ。「俺のほうが先輩なのに……」と思っていると、初球に走られてしまった。それ以来、三盗しそうな選手は、より注意して見るようになった。

現役時代に入団から5年連続盗塁王を獲得するなど、プロ通算381盗塁を記録した赤《あか》星憲広《ほしのりひろ》（元阪神）は亜細亜大学の後輩だったが、会話を通して、走るときの雰囲気がなんとなくわかるようになった。わざと走らせてアウトにしようと、キャッチャーの谷繁元信さんに赤星の背後から、「走りますよ」と合図を出したこともある。走ることさえわかっていれば、三盗は刺せるのだ。

三盗以上にやられる可能性が高いのは、二盗。だからファーストは、二遊間以上に話しかけるメリットは大きいだろう。

ただ、あまりこの裏技が知れ渡りすぎると逆手《さかて》にとられたり、規制される可能性もあるので、本書の読者の胸にひっそりとしまっておいてもらえたら幸いだ。

塁上でランナーと会話することで、その思惑《おもわく》を推察するという高度な心理戦を仕掛ける著者。

私も、試合中に会話していると、先輩や首脳陣から、「敵なのに親しげにしゃべるな」と注意されたものだ。だが、自分の中では駆け引きの一部という感覚だった。

また、若手時代には、走者として塁上にいるとベテランの内野手から露骨にプレッシャーをかけられた。「チョロチョロするんじゃねぇ」と。といっても、井端もベテランになったらそれに近いことをしていたのだろうと言われたら否定はできないが……。こちらとしても、二塁ランナーをノーマークにして走られたら責任を問われるので、必死だったのだ。

「隠し球」をめぐる攻防

フェアプレーの観点からアマチュアでは規制されているようだが、プロの世界ではごくまれに、「隠し球」というトリックプレーが見られる。インプレー中に内野手がピッチャーにボールを戻したと見せかけて隠し持ち、離塁したランナーにタッチしてアウトにする裏技である。かつては「クセ者」の異名をとった巨人の元木大介《もときだいすけ》さん（現巨人内野守備兼打撃コーチ）が得意にしていて、複数回、成功させている。

私自身は、隠し球を成功させたこともなければ、そもそも試みたこともない。隠し球をやってのけるだけの演技力に自信がなかったからだ。

そして、あくまでイメージだが、隠し球が成功するとすれば、ポジションはファーストかサードではないだろうか。隠し球を成立させる条件として、まずランナーの隙《すき》が生まれなければできない。そこで隙が生まれやすい要因を考えると、一塁か三塁に到達したランナーがベースコーチと会話する瞬間にある。ランナーがベースコーチからの指示を聞いているあいだ、両者にわずかな油断が生まれる。二塁ベースにはベースコーチがいないため、二遊間で隠し球を試みても引っかけるのは難しい。

また、現在はタイムをかけてすぐにボールの交換を要求する投手が増えた。例えば二塁打、三塁打を打って気が緩《ゆる》んだ打者走者に隠し球を仕掛けたくても、ピッチャーからすれば打たれてゲンの悪いボールを早く替えたいと思うもの。タイムがかかればボールデッドとなるため、隠し球に持ち込めない。近年のプロ野球でほとんど隠し球を見なくなったのも、こういった背景が大きいのではないだろうか。

年間戦うための流儀の1つは、「ヒットは捕らない」こと

私の中でこだわっていることがいくつかあるが、その1つが「ヒットは捕りにいかない」ということ。プロ野球選手は1試合に死力を尽くしても、故障して、ほかの試合を棒に振

れば、「働いていない」と見なされる。年間通してコンスタントに働いてこそ、プロなのだと私は考えている。そのために、私は徹底して無駄を省いてきた。第1章で述べたように「基本＝ラク」と考えて、基本を重視しているのも、極力無駄なダメージを減らすためだ。

だから私は、完全なるヒットは追わない。高校野球では、どう見ても捕れないヒット性の打球に内野手が飛び込むシーンがある。プロでこれをやれば、1年間体がもつはずがない。

もちろん、追って捕れる打球なら、捕りにいく。だが、きれいなヒットは、最初に2歩ほど踏み出したところでわかるものだ。2歩で見切りをつけずに5歩まで追いかけると、1試合通してたいしたことがなくても、年間通して積み重ねるとダメージは大きくなる。打球が抜けるとわかりながら足を使うくらいなら、無理なものは無理と割りきったほうがいい。

そして、それは一塁への全力疾走も同じだ。私はダブルプレーになりたくないときや、内野安打になりそうなときは全力で走っていた。だが、それ以外ではジョギングになるほどあからさまに抜かないにしても、ある程度セーブして走っていた。

これはあくまでもプロで戦い抜くための話なので、野球少年に形だけマネされてしまうと困る。ただ、プロの二遊間のレギュラークラスで1年間すべてのプレーで全力疾走していたら、体はもたないだろう。それほど負担がかかるポジションなのだ。プロで内野4ポジションに外野も経験したうえで、そう実感している。

「守備にスランプはない」は本当か？

野球界には様々な格言めいた言い伝えがある。「打線は水物」という言葉があるのとは対照的に、「守備にスランプはない」と言われる。それは本当だろうか。

私の考えは「ない」というよりも、「すぐに戻る」である。自分の思い描いたタイミングから少しズレが生じることはあっても、原因がわかればすぐに修正できる。打撃のようにスランプにハマると1週間も2週間も抜け出せないというものではない。修正すべきポイントを意識して、1日5～6球もノックを受ければ戻ることがほとんどだ。もし「あいつ、へたになったな」と感じるようになったとすれば、それはスランプではなく、衰えである。

ある程度の年齢を重ねれば、誰であろうと足は遅くなっていく。足が遅くなるということは、今まで追いつけた打球が抜けていくことを意味する。下半身が衰えてきたときに、グラブさばきなどの技術でいかにカバーできるか。そこで息の長い内野手になれるかが決まってくる。グラブさばきまで衰えてくれば、もう食い止める術《すべ》はなくなってしまう。

若い時期に身につけた守備の技術から、さらに無駄を省いて洗練させていく。歳《とし》を重ねるとともにその作業をしておかないと、35歳を超えたあたりから衰えが目に見えてあらわれる。体力が落ちてきたときに、自分の感覚とのギャップが大きくなってしまうためだ。巨人時代の教え子を例にとれば、吉川尚輝などは20代後半までには野球ファンをうならせるような守備を見せてくれるだろう。今の制御できないほどのスピードが多少遅くなったころに、ちょうどピークを迎えるはずだ。それが30歳を過ぎて35歳くらいになって、「明らかに遅くなった」という感覚が出始めたときにどうするか。そこで若手時代にさんざんやってきた基本を思い出せるかどうかが分かれ目となる。

基本の蓄積がない選手には、はっきり言って、その先はないと思う。肉体的な衰えをカバーする技術がない。そこで今まで守っていたポジションを失い、違うポジションで勝負せざるをえなくなるのだ。

イップス予防法は「その日の腕の振りを見つける」

近年、野球界で当たり前のように語られるようになった「イップス」という言葉がある。今まで問題なく投げられていた選手が、なんらかの原因でボールをコントロールできなくなり、自分の思うように投げられなくなる投球障害のことだ。

プロ野球選手であろうと、イップスとは常にとなり合わせである。「あれ、今日はスローイングが少しおかしいな？」という軽い違和感でも、私はイップスの一種だと考えている。その日の体調や気持ちの持ち方によっても起こりうるデリケートなものなのだ。

イップスは「メンタルの問題」と言われることもあるが、本当にそうなのか？　なぜイップスが起きるのかを突き詰めると、私は、「投げる順番を間違えているだけ」だと考えている。

1年間プレーを続けると、今まで我慢できていたことができなくなるときがある。例えば肩が張り、スムーズに入れるはずのトップ（99ページ参照）にうまく入らない。いつもと違う感覚の中で、投げる順序やタイミングが微妙に狂ってしまう。指導者から「こうやって投げろ」と助言を受けて、トップを作るまでの順番がズレるというケースもあるだろう。そうやって不自然な動きが身についてしまい、イップスに陥《おちい》っていくのだ。

私は基本的に、人間の体に合った動きをしていれば、自然でラクなパフォーマンスができると考えている。31ページなどで述べたように、歩くことと同じように順番を間違えずに投げられれば、イップスは発症しない。逆に言えば、順番を立て直すことによってイップスは治せるはずだ。

そしてもう1つ。キャッチボールの段階から、様々な角度で投げられるような準備をしておくことだ。いつも投げている角度に加えて、少し腕を下げてサイドスローぎみの投げ方を練習する。そうすれば、「今日は肩が重くていつものトップまで入らない」と感じる日には無理に腕を上げず、サイドから投げればいい。体調や感覚が戻ったら、元に戻せばいいのだ。そうやって、その日その日の投げ方をさがして投げられれば、イップス予防になる。

私と長く二遊間を組んだ荒木雅博もイップスを抱えながらプレーしていた。荒木はいつもボールを捕ってから、右手をグラブでパンパンと叩《たた》いてからリズムを作ってツーステップで投げていた。こうやってリズムを作ることで、自分が投げるタイミングを測れるのだ。

イップスの選手にありがちなのは、難しい打球をさばくときや、目いっぱい動くときはいいプレーができること。なにも考える時間がなく、パパッと機敏に動くため、イメージどおりの動きができる。むしろ問題は、簡単な打球をさばくときだ。

イップスになる選手は、投げる動作のリズムが狂っていることが多い。ゴルフのパターでも、いつもなじんでいるリズムがあるはずなのに、いざ試合になると、「これを入れないと……」というプレッシャーに襲われる。そこで考える時間ができて、普段よりも間《ま》が長くなる。そうすると、もういつもの感覚ではなくなるのだ。

内野手がゴロを捕って、ふとランナーを見たら全力で走っていない。「あ、抜いて走っている」とわずかに気が緩んで、そこでリズムが狂うこともある。いつものリズムが狂えば、いつもと同じ動き、同じ力配分にはならない。

また、荒木の場合は基本的に問題なくプレーできていたのだが、まれにダブルプレーの送球時に異変があった。ボールを鋭くリリースすると思いきや、離す瞬間、不自然にホワッと緩めてしまう。そうなると、私が送球を受けようと思っていたタイミングと合わなくなる。

私が中日時代にコーチを務められていた高代延博《たかしろのぶひろ》さん（元日本ハムなど、現阪神二軍チーフコーチ）も、「あいつにリリースの調節を教えることだけはできない」と言っていた。練習ではできても、試合中に急にできなくなる瞬間がある。スタンドの観客の圧《あつ》なのか、ベンチの監督やコーチの圧なのか、近くにいる先輩の圧なのか……。もし先輩だとすれば、私の圧になる。ただ、自分で言うのもなんだが、荒木とはそんな仲ではなかったと思う。

私から荒木に、「しっかり投げろ」などと言うことは一切なかった。その点を含めて、総合的に力量を評価されて試合に出ているわけだから、１人の選手として私がどうこう言える部分ではないと考えていた。

私ができることと言えば、普段どおりに対応するだけ。タイミングが合わない送球が来て、私が無理して転送すれば、ミスが起きる原因になる。だからそのときは、アウト１つ取れればいいと割りきっていた。

なお、イップスに悩む選手と接する監督・コーチへ向けたアドバイスは２２９〜２３１ページに記したので、そちらもあわせてお読みいただきたい。

故障を隠してプレーするコツ

野球に故障はつきもの。常に万全な状態を維持できるわけではなく、時には故障を抱えながら試合に出ることもある。

私も身に覚えがあるが、とくに印象深いのは、足の肉離れを抱えながらプレーしていた2008年と、右肩痛に苦しみ続けた09年のことだ。出塁していたとき、牽制球《けんせいきゅう》にヘッドスライディングで帰塁して痛めた右肩は、それが開幕直後の2〜3カード目だっただけに、厳しかった。肩が痛くて上がらないため、上からは投げられない。スローイングは横からごまかして投げることしかできず、それがシーズン終盤まで続いた。

治療はしていたものの、自分のケガが脱臼《だっきゅう》なのか打撲なのか、全然わからなかった。試合には出られたので首脳陣に肩のことは伝えていなかったが、さすがに周囲は察知していたことだろう。ランナーを見て、間に合うと思えばホワーンと山なりの人を食ったような送球をしていた。まわりの人たちは、「もっと速い球を投げろよ」と思っていたはずだ。

あとは三遊間の深いところで踏ん張るときだけ、痛い肩を上げて本気で投げていた。投げた直後は、その場でうずくまって「うわ〜っ!」と叫びたいのを必死に押し隠し、素知らぬ顔をしていた。内心、「2球続けて飛んでくるなよ……」と祈りながら。

無駄な球を投げたくないので、試合中のボール回しもサードの中村紀洋さんに、「ノリさん、すみません。僕のところはボール回しなしで」とお願いして飛ばしてもらったほどだった。たとえボール回しといっても、年間通してきっちりやっていたら、かなりの球数を放《ほう》ることになる。私は極力、試合のために温存したかった。

肩痛は9月に入ったあたりでだいぶ良くなり、プレーに支障はなくなった。この年は本当に苦労したが、その代わり、技術を磨くことができたという実感があった。肩には頼れないから、グラブさばきや足さばきでカバーするしかない。まさに、「怪我《けが》の功名《こうみょう》」だった。

複数ポジションをこなすために必要なこと

複数のポジションをこなせる選手のことを、「ユーティリティプレーヤー」と呼ぶ。私の中では、広島、巨人などで活躍した木村拓也《たくや》さんが、まず脳裏に浮かぶ。木村さんは内野・外野全ポジションだけでなく、時には捕手をもこなして、チームに貢献した。

ユーティリティプレーヤーが1人でもいると、チーム編成上、ものすごく助かる。その分、チーム内で手薄な部分に枠《わく》を持っていけるからだ。例えば、ピッチャーを1人でも多くベンチに入れられる。巨人コーチ時代に指導した中では、吉川尚輝はセカンドだけでなく、ショートもこなせるので、坂本勇人に代わる機能も持つ。一方、田中俊太は好選手だが、セカンドしか守れなかった。もしショートができるようになれば、ほかに枠を回せるから、常時一軍に置けるようになる。セカンドしか守れなければ、吉川がケガでもしない限りはレギュラーにはなれない。現在はサードもこなせるようになった田中俊太だが、複数のポジションをこなせることは自分の身を助けることを理解してくれたはずだ。

では、複数のポジションをこなすためのポイントはなんだろうか。私は中日時代にショート、またはセカンドとして固定されていたが、巨人移籍後は内野全ポジションで使ってもらえた。これまで経験の浅かったサードやファーストでも一定期間出させてもらったので、おぼろげながら見えてきたものがある。それはシンプルだが、ポジションごとの特性（第2章参照）を頭に入れておくことだ。ある日はセカンドで出て、次の日はサード、また次の日はファーストで出たこともある。日によってポジションごとに動き方と感覚を整理していた。

プロではショートとして最も試合に出ていたが、同じ感覚でサードの守備につくことはなかった。また、サードとファーストもただ角度が違うだけ……という考えでもなかった。サードならバットに当たった瞬間に動くのを我慢するとか、ファーストならセカンド寄りの打球を追いたくなるのをこらえるとか。二遊間の感覚でファーストを守ると、つい打球

複数ポジションを守れるようになれば試合に出るチャンスも増える。吉川尚輝もそのタイプ。

を追いかけすぎてしまう。セカンドゴロなのに打球を追いかけてしまい、一塁ベースに誰も入っていなければ大恥をかく。それぞれのポジションに、押さえるべきポイントがあるのだ。

巨人時代には、試合終盤に守備固めで出ることも増えた。途中から試合に入っていく難しさがあるように思われるかもしれないが、私はそれをあまり感じなかった。守備固めにしろ代打にしろ、気にならなかった。

守り慣れていないと、雰囲気になじむのに時間がかかるのかもしれない。代打にしても、その日の目慣らしやピッチャーの情報がなくても、リードするキャッチャーが何回も対戦している選手なら初球の入りを見て、「こういう配球パターンか」と推測できる。だから代打でも、打席であわてることはあまりなかった。おそらくレギュラーを経験してからの代打、守備固めだったからこそ、その経験が生きて動じずに試合に入っていけたのだろう。

データを生かすか、感覚に頼るか

プロだけでなくアマチュアでも、高いレベルになると、打球方向のデータが選手に提供されることがある。このデータに頼るべきか、それとも試合中に感じたものを優先すべきか。

96ページでもお話ししたが、私は感覚派だ。データは見るし、試合前に頭には入れる。

だが、あくまで参考程度だ。肝心なのは、その日のピッチャーの状態と打者のバットの出方をしっかりと見ておくこと。この部分は、日によって変わる部分だ。データ上は引っ張りの傾向が出ている打者でも、その日はバットが遅れて出ていれば、わざわざ引っ張りの方向を守る必要はない。逆もまたしかり。そういった感覚は、常に大事にしていた。そして何度も言うように、完璧《かんぺき》なヒットを打たれた場合は仕方がない。「打たれたピッチャーが悪い」と割りきらないと、守備位置も変えられないからだ。定位置を守るしかなくなり、ヒットゾーンを両方残してしまう。

当日の打者のバットの出方から判断して、「こっちのヒットは俺が捕るけど、こっちに飛んだらピッチャーが悪い」と割りきってポジショニングを決める。

もちろん、大前提は打ち取った打球を確実にアウトにすること。そこができるようになって初めて、ヒットを捕ろうという境地に進めるのだ。

「アライバ」コンバートの裏側

自分の守備位置が変わるコンバートは、ほとんどの野球選手が経験することだ。

コンバートされる理由は1つには絞《しぼ》れないが、いちばん多いのは首脳陣による総合的な判断だろう。動きが衰えてきた、守備の負担を軽くして打撃に集中してほしい、年齢的に若い選手を使いたい……そんな要因を総合的に考慮してコンバートされることがほとんどだと思う。

04年から09年までの6年間、私がショートで、荒木がセカンドで、ともにゴールデングラブを受賞していた。しかし私は10年から2年間、荒木と二遊間のポジションを交換するように、セカンドにコンバートされた。

私も35歳になる年で年齢的な要因もあっただろうし、お互いに慣れが出すぎて、マンネリ気味になっていたのかもしれない。だが、ポジションが変わるということは、また、一からやり直すということ。

私は12年から再びポジションが元のショートに戻ることとなり、この年、またゴールデングラブ賞を獲得することができた。これもそうだが、その後、長くプレーできたのも、2年間のコンバート期間があったからだと思っている。

ただ、ショートをやっていた者からすると、セカンドは物足りないと感じたのも事実だ。これはショート経験者と会話すると、だいたい同じような感想を聞く。

セカンドに命をかけて取り組んでいる選手には失礼な物言いになってしまって心苦しいのだが、もちろんセカンドにはセカンドの難しさがある。とはいえ、ショートで一刻の猶《ゆう》予《よ》も許されないスピード感の中に身を置いていたころと比較すると、セカンドは時間的な余裕がふんだんにある。ショートからセカンドに移った直後は、そのスピード感のギャップに物足りなさを感じてしまったのだ。

そうした張り合いのなさをどこで補うか考えてトライしないと、モチベーションは上がらず、あとは衰えるばかりだ。そこで、例えば広島の菊池涼介のように極端に深い守備位置に挑戦する……というのも1つの手だろう。

私がセカンドで見つけた楽しみは、グラブさばきだ。ゴロのさばきもしかり、ダブルプレーの握り替えもしかり。極端なことを言えば、セカンドは捕りさえすれば、アウトになる。一塁まで距離が近いため、捕ってすぐ投げようとしても、ファーストがベースに入っていない。急いでもしょうがない。

セカンドの時期にグラブさばきを磨いたことは、ショートに戻って以降に身体的な衰えをカバーするのに役立った。

不慣れな別のポジションで新たな刺激を感じることで、初心に戻って懸命に取り組める。そういった利点はコンバートならではだろう。

特別対談

中編

井端弘和
Hirokazu Ibata

×

鳥谷 敬
Takashi Toritani

ショートと他ポジション比較 & グラブ談義

井端&鳥谷が守備で最も大事にしていたこと

「俺は、絶対に力を入れないことだったかな」▲井端

「自分も、それはめちゃくちゃ大事にしていました」▲鳥谷

井端　ここからは、より深く守備について話していこうか。なにか、俺に聞きたいことはある?

鳥谷　はい。井端さんは守備でなにをいちばん大事にしていましたか? 人それぞれ違うと思うんです。一歩目の入り方だとか、アウトにするまでのプロセスとか。

井端　俺は、絶対に力を入れないことだったかな。力を入れても、ろくなことはない。それはバッティングも同じで、トップで体に力が入っていたら打てないから。守備でも打球を捕るまでも、捕ってからも力を入れないこと。最初から最後まで、上体はあまり力を入れないことを練習から意識していた。

鳥谷　そこですか(深くうなずく)。

井端　そのあたりは坂本勇人にもずっと言っていた。バウンドが合わないと思っても、体に力を入れるんじゃなくて、むしろ力を抜くくらいでいい。グラブを下に落として、体の

力を抜いて待っていれば、なんとかなる。それだけは意識していたね。でも、トリは前からそれができていたよね。

鳥谷　自分も、それはめちゃくちゃ大事にしていました。甲子園球場は土のグラウンドなので、ゴロが「沈む」というより、「跳《は》ねる」ことが多いんです。跳ねたときに最低でも前に落とすためには、体の力を抜くしかない。もし体に力が入っていると、ボールを強く弾《はじ》いてしまうんです。とにかく力を抜いて、自分の手の届く範囲内に落とすことができれば、アウトにできるチャンスはあるので。弾くことを想定したうえで、力を抜く練習はけっこうしてきました。

井端　うん、今のトリの言葉で、俺は、自分のやってきたことが間違いではなかったと確信したよ。弾いたときに体に力が入っていれば、2〜3メートル遠くにボールが跳んでもおかしくないよね。真下に、なおかつ少しでも投げる方向に落としたいのであれば、体の力を抜くしかない。そういう考えの人が1人でも多くなれば、日本の守備はもっとレベルが上がってくると思う。

鳥谷　ほんと、そうですね。

井端　これ、ほかの人に言ってもなかなかわかってもらえないんだよ。この本を通して広まっていけばいいいな。

ショートというポジションの魅力

「ショートとほかのポジションは別ものですよね」▲鳥谷

「久しぶりにショートをやってみたら、最初はキツかった(笑)」▲井端

井端 トリはセカンド、サードを経験したことで、なにか得たものはあった？

鳥谷 よりショートへの思いが募《つの》った気がします。自分がやっていたから言うわけではなくて、ショートの大事さ、難しさをよけいに感じました。今までほとんどショートしかやっていなかったので、それが当たり前になっていたんだと思います。別のポジションに移ったら、同じ野球のはずなのに違うスポーツをやっているくらい感覚が違いました。ショートの魅力を心から感じましたね。

井端 最初はショートからサードに移ったけど、すぐに順応できた？

鳥谷 サードに行って初めて、打球にすぐ反応すると自分が追い越してしまうことを知りました。だから、なるべく反応しないように、と。あとは、打球に対してできるだけ正面にならず、半身になるとか。

井端 セカンドはどう？

鳥谷　守備で起きるミスは投げることに関するものが多いと思うんですけど、その意味でセカンドはファーストまでの距離が近いので、不安が小さいポジションではありますよね。あとは今、危険なスライディングが禁止になって、ランナーに潰《つぶ》されることがなくなったので、セカンドの魅力も変わってきたのかなと感じます。昔みたいにランナーが潰してくると、肩の強さとかボディバランスとか見せ場がありましたけど。ルールが変わったことで安全になった半面、セカンドならではの難しさや楽しみは減ってしまったのかなと。

井端　それは俺も感じていた。だから表現は悪いけど、ときどきセカンドを「退屈」と感じてしまっていたから。

鳥谷　でも、こういった感覚は、ショートしかやっていなかったらわからなかったことですから。いろんな感覚を知ることができたのは、勉強になりました。ショートとほかのポジションは別ものですよね。

井端　トリは2019年にショートに復帰したけど、どういう経緯だったの?

鳥谷　自分自身はショートというポジションが好きですし、野球をやるうえで重要なポジションだと考えています。1年間通して、二遊間を固定しているチームはやっぱり強いですから。3年間ショートから外れましたが、実際にノックを受けてみたら、勝負できると思いました。それに、18年終盤に北条《ほうじょう》（史也《ふみや》）がケガをして、練習や試合でショートを守る機会がありました。そこで自分の中で動きやすさや、「野球をやっている」という実感があったんです。サードやセカンドにはない、ショート特有の緊張感をまた味わってしまったので。

井端 うんうん。

鳥谷 ショートから別のポジションに移ったときも、自分の中では「勝負するために移った」というよりは、「空《あ》いているポジションに移った」という感覚でした。だから、もう1回ショートとして勝負したいと思ったんです。自分の野球人生の中で、あと何回勝負できるかわからないですけど、今はそういう時期なのかなと。そう考えていたところで、たまたま監督が矢野燿大《あきひろ》さん（元中日、阪神。旧登録名は輝弘《あきひろ》）に代わって、「どうしたい？」と聞いてもらえたんです。そこで、「ショートでもう1回、自分と向き合いたいです」と告げて、今に至ります。

井端 俺がショートに戻ったのも、まったく一緒だよ。セカンドをやっている人には大変申し訳ないのだけど、ショートをやった人間からすると、もう1つ満足感が得られないんだよね。セカンドは、ショートに比べると時間がたっぷりあるから、刺激が足りないのかもしれない。野球をやっていて、1試合が終わっても、なにか消化不良というか、物足りなさがある。ショートの疲労感とはまた違うんだ。なにか煮えきらない思いを感じながら、セカンドをやっていた。俺も監督が高木守道《もりみち》さん（元中日）に代わって、「またショート

同じリーグ、同じポジションということで、意識し合っていた部分は少なくなかった鳥谷敬と著者。

をやってみないか?」と言っていただいて、「やらせてもらえるなら……」と戻ることになった。でも、久しぶりにやってみたら、最初はキツかったけど（笑）。

鳥谷　最初はそうですよね（笑）。

井端　ショートに戻ってからのキャンプは、「これ、シーズンに入ってから6か月も続くのか。ハードだな……」と思っていたよ。でも、やってみると、なんとかなった。たとえ1球も飛んでこない試合でも、ショート特有の疲労感がある。それと同時に、なんとも言えない充実感、楽しさも味わえる。俺もトリも同じような時期に、同じような経緯でショートに戻ったから、気持ちはよくわかるよ。とにかく頑張ってほしいな。

鳥谷　ありがとうございます。

鉄人・鳥谷がショートとしてフル出場できた理由

「負担を減らすために、やっていたことはある?」▲井端

×

「グラウンドに入るまでに、やることは全部終わらせることですね」▲鳥谷

井端　もう1つ、俺もトリも、近くに久慈照嘉さんがいたという共通点がある。トリは久慈さんからどんな影響を受けた?

鳥谷　自分が阪神に入った時点では久慈さんはまだ現役の選手で、守備固めで出ていました。足がすごく速いわけではないですし、肩がすごく強いわけでもない。それなのに久慈さんは、ランナーの足が速かろうが遅かろうが、全部同じタイミングでアウトにするというイメージがありました。ボールの握り替えも素早いし、これだけ流れの中でボールを捕って投げる人がいるんだな……というのが最初の印象でしたね。大学までは、いい内野手と言えば、「肩が強い」とか「足が速い」というイメージを持っていたんですけど、覆《くつがえ》されました。

井端　トリは年々、久慈さんにプレー姿が似てきたように見えていたんだよ。久慈さんがコーチになってから、とくにそう感じた。

鳥谷　似てきたというか、足の使い方とかグラブさばきとか、教えてもらったことは常に意識しながらやってきたので。両手だけじゃなく、片手でのハンドリングの練習もしました。今でもふとしたときに、久慈さんから教わったことをやっています。その意味でだんだん似てくるのかなと思います。

井端　19年、トリはショートに戻ったけど、どのあたりが難しいと感じている？

鳥谷　足の使い方ですかね。セカンドの場合は投げる距離も短いですし、ショートのように足を使って投げるという動作はほとんどありませんでした。サードに関しては、捕ることと投げることが別ものという感覚。まずはしっかり捕ること。多少弾いても、前に落とせばアウトになるという余裕がありました。ショートの場合は、捕球する時点で体がファースト方向に向いているので、少しでも打球を落とせば後ろに弾いてしまうし、絶対に間に合わなくなる。ボールの入り方も考えなければなりません。そういう意味で、ほかのポジション以上に足を使わないと守れないポジションだと思います。ファースト方向に向かって足を使っていくという作業は、しばらくやっていなかった分、意識してやらないといけないしんどさがありましたね。

井端　若いころとのギャップはあった？　もっと動けたのに……という。

鳥谷　僕の場合は、若いときのほうがしんどかったですね。ノックをもっと目いっぱいの力で受けて、目いっぱいの力で投げて。必要のない力をたくさん使っていたので。その意味では年齢を重ねるごとに、体の使い方、力の抜き方がわかるようになったと思います。プロに入ったときよりも、ラクな体の使い方ができるようになりました。

井端　なによりトリのすごいところは、ショートとしてフル出場し続けたことだよね。これは俺には想像ができない。負担を減らすために、やっていたことはある？

鳥谷　大事にしていたのは、常にグラウンドに入るまでに、やることは全部終わらせることですね。極端に言えば、汗も練習中にかききって、試合では汗だくになることもない。

練習中がいちばん暑いという感じで準備していました。そうすると動き出しがラクになるので、自分の場合は1年間通してプレーするうえで負担が減りました。

「柔らかい派」鳥谷VS「固い派」井端のグラブ談義

「土のグラウンドと人工芝の違いは確実にありますよね」▲鳥谷
×
「本拠地が人工芝の球場だったから、固いグラブを使っていた」▲井端

井端 今日はトリのグラブを持ってきてもらったんだよね？
鳥谷 はい。
井端 （はめてみて）これ、ちょっと柔らかいね。
鳥谷 ええ、そうだと思います。
井端 俺は固いほうが好みだったから。柔らかいのは、甲子園が本拠地だからだよね？
鳥谷 はい。土のグラウンドと人工芝の違いは確実にありますよね。この柔らかいグラブで人工芝のグラウンドに行くと、逆に不安です。打球に負ける感じがして……。人工芝では手で握る感覚じゃないと、違和感が出て捕りにくいのかなと。打球を弾く感じがあります。
井端 わかる。俺のいたチームは、中日も巨人も本拠地が人工芝の球場だったから、固い

グラブを使っていた。トリはグラブのポケットについてはどう考えている？

鳥谷　なるべくたくさん捕って、それで自然とグラブができあがるイメージなので、あまりポケットを意識したことはなかったですね。ポケットを作って、ここで捕る……という感じではなかったです。

井端　そこも、土のグラウンドと人工芝のグラウンドとの違いなのかな。

鳥谷　どうなんですかね。でも、たくさん捕っていくと、グラブが自分の形に馴染《なじ》んでいくので。春のキャンプ中にボールをたくさん捕って、自分の形に馴染ませていく感じですね。

井端　こうして見ると、トリのグラブも力を入れなくても自然と開く形になっているね。これは捕れる人の条件なのかなと思う。手に力を入れないと開かないグラブでは、なかなか捕りにくいのかなと。このグラブに行き着くまでには、いろいろと試してみたの？

鳥谷　そうですね。大きくしたり、小さくしたりと、いろいろしました。サイズ感は年々少しずつ変わって、今の形になりましたね。

井端　これは重い？　軽い？

鳥谷　最初は軽かったんですが、使っているうちに重くなっちゃいますね。

井端　そうだよね、土のグラウンドだとね。

鳥谷　屋外の球場だと雨も降りますし、土もつくんですよね。汚れを取るにしても、なに

選手によって重視する部分が異なるのが道具。とくにグラブは、サイズや革《かわ》の具合など、求める条件は様々。対談でも、そのあたりについての深い議論が交《か》わされた。

かしら手入れ用品を塗《ぬ》って取らなければならないので、どんどん重くなっていきます。やっぱり軽いほうが扱いやすいですから、メーカーの方に乾燥機にかけてもらうこともありますね。

井端　持ち運びはどうしてた？

鳥谷　グラブ用のバッグに入れています。今はみんな持っていますよね？

井端　あれね、発祥《はっしょう》は俺なのよ（笑）。それまではなにかでグラブを巻いてカバンに入れていたけど、荷物に潰《つぶ》されてペチャンコになっていた。「なんだこれ、捕りにくいなぁ」と思って。それで、なにかないかな……とさがしていたら、バットを入れるジュラルミンケースがあって。そのグラブ版を作れないかな、とメーカーにお願いして作ってもらったんだ。最初は頑丈《がんじょう》な入れ物だったけど、今は布製になったりして、持ち運びやすくなっているね。

鳥谷　今はもう、みんなグラブを別のケースに入れて持ち運んでいますね。そのままバッグに入れている選手はほとんどいないと思います。でも、その道を井端さんが開いていたとは知りませんでした（笑）。

井端　最初は用具係の人に怒られていたもん。「荷物が多い」って（笑）。変人扱いもされたけど、まあエラーするよりはいいからね。

（251ページからの対談後編に続く）

第6章

内野手列伝Part1　かつてともに学び、競い合った名手の技

荒木雅博【セカンドなど】年を重ねた夫婦のように言葉がいらなくなった相棒

ここからは、具体的なプロ野球選手の名前を挙げながら、その高い技術を解説する列伝コーナーだ。読者の方々にも、プロならではのテクニック、それぞれのプレーヤーの個性的なスキルを学び取ってほしい。次章で今の選手を取り上げるとして、本章では、私が現役時代にともにプレーし、またはライバルとして競い合った名内野手について語っていきたい。

まずは、中日時代の私の長年のパートナーであり、おもにセカンドを（一時は私と入れ変わってショートも）守った2歳下の荒木雅博を取り上げないわけにはいかないだろう。セカンドでゴールデングラブ賞を、2004～09年の6年連続で受賞している。

セカンドとしての特長は、盗塁王を獲るほどのスピードを生かした俊敏さだろう。守備範囲も広かった。141ページでもお話ししたように、イップスを抱えていたため送球に難があったが、それでも自分なりに工夫し、プロとして問題ないレベルはキープできていた。17年には、私が届かなかった2000安打も達成している。

荒木についてはこれまでもことあるごとに聞かれ、語ってきた。そのたびに不思議がられるのだが、お互いにキャリアを重ねれば重ねるほど会話がなくなっていった。

レギュラーになりたてのころは、様々なプレーをするにあたっていろいろな会話を交《か》わした。ダブルプレーではここに投げたら荒木が投げやすいとか、この場面ではこうしようとか、頻繁《ひんぱん》にコミュニケーションを重ねていた。だが、そうした意思統一が図れるようになり、ともにゴールデングラブ賞を受賞できるぐらいになったころから、会話が一気になくなった。私は、「会話がなくなるくらいがちょうどいいのかもしれない」と考えている。試合中も会話という1つの作業がない分、相手打者に集中できるし、相手ベンチも見られる。誤解を招くかもしれないが、私は荒木をまったく気にせずにプレーしていた。だから、二遊間で「アライバコンビ」などと呼ばれるようになったが、私の頭にはクエスチョンマークが浮かんでいた。中日時代にコンビとしての話を聞かれても、「別に……」という感じ。話すことがないのだ。それは、おそらく荒木も同じだっただろう。

荒木がケガをした場合など、別の選手と二遊間を組むこともあった。そのときは、その選手の方向ばかりが気になってしまう。「こうだから」と打ち合わせしていても、「こいつ、本当にわかっているのかな?」と、不安になってくる。疑心暗鬼《ぎしんあんき》だからどうしても意識がそれて、自分の領域が手薄になってしまっていた。

私と荒木の関係は、夫婦に例えると理解されやすいのかもしれない。

付き合っているときは会話があるし楽しいけれど、夫婦になり年を重ねると、自然と会話が少なくなっていく。それでもお互いになにを考え、どうしてほしいかはなんとなく通じ合っている。夫の仕草1つで妻がお茶を出す。お互いが「空気」のような存在、などとも言われるが、私と荒木はそれに近い関係だったような気がする。

よく他球団から移籍してきた選手が連係プレーで新しいチームメイトと会話している光景を見ると、「なつかしいなぁ」と思っていた。逆に言えば、会話がなくなるくらいの関係にならないといけないのかもしれない。

機会があったら、広島の菊池涼介と田中広輔に聞いてみたい。2人が「しゃべってない」と言ったら、私は「いいねぇ」と言うだろう。いよいよ仕上がってきたな……と。二遊間で打ち合わせをしたり気にかけたりしている時点では、まだまだなのかもしれない。

荒木とは攻撃面でも連係をとることが多かった。1番打者の荒木が自由奔放《ほんぽう》に打ちにいって、2番の私がフォローする。私が荒木のように自由にやれと言われてもできなかっただろうし、逆に荒木が私の役割を強《し》いられたら縮こまっていいところが出せなかった可能性もある。性格的にもちょうど良かったのだろうと思っている。

試合終盤以外ならベンチからサインも出なかったので、盗塁もヒットエンドランもノーサインだった。最初は一塁ランナーの荒木がいつ走るか、タイミングがわからなかった。だが、慣れてくると、打席に入る前に荒木を見たときに、「あ、これは走りそうにないな」

とわかるようになった。それなら走るのを待たずに、初球から打とうと決める。逆に荒木の「次の球で走ります」という顔もわかるようになった。

プライベートを含めて会話がなくなったのは事実だが、30歳も過ぎればお互いに家庭もあるし、自分なりのすごし方がある。若い選手からは「仲悪いですね」とよくイジられたが、といって今さら話すこともない。好き嫌いで二遊間を組んでいるわけでもないのだから。

まわりはどう思っていたか別として、私としてはお互いに自分のペースですごせるのだから、いい関係だったと思っている。荒木がいてくれたおかげで、自分のやるべきことに集中できた。感謝という言葉ではとうてい言い尽くせない。

久慈照嘉［ショートなど］なにが起きたかわからない奇跡の守備
川相昌弘［ショートなど］世界を広げてくれたベテラン名手

最初に相棒・荒木について語ったが、ここからは、私がおもに守ったショート、次にセカンド、そしてサード、ファーストという順に、身近で見た歴代の名選手に触れていきたい。

まずは、ショートを中心にプレーした選手たちだ。私が中日でショートのレギュラーの地位を固めていく中で、多大な影響を受けたのは、32ページや35ページなどで述べたように久慈照嘉さんと川相昌弘さんだ。久慈さんは守備を評価されて92年の阪神入団直後からショートのレギュラーに抜擢《ばってき》され、新人王を受賞。ゴールデングラブ賞受賞歴はないものの、高い次元の守備力を誇った。川相さんは「バントの神様」のイメージが強いだろうが、ショートとしても6度のゴールデングラブ賞を受賞している。

35ページでもお話ししたとおり、久慈さんが捕球と送球を連動させるタイプのショートで、川相さんは捕球と送球を分離させるタイプのショート。それぞれ毛色の違う一流ショートのプレーを間近で見られたことは、私にとって幸運だった。

久慈さんの動きは、レギュラーになる前から練習で毎日後ろについて穴が開《あ》くほど観察していた。最初はなにがなんだかわからなかった。だが、ずっと見ていくうちに、「こういうことなのかな?」とおぼろげながら見えてきた。

久慈さんは捕球と送球を連動させるタイプと述べたが、厳密に言えば、私が考える「歩くように捕って投げる」(31ページなど参照)という基本から、手順を1つ、2つ省いている。

捕球から送球までの基本的な流れは、①捕って、②右足を送って、③左足を着いて、④投げる。この4つの流れで構成されるが、ここまでなら私もできる。

常識的に考えれば、「捕ると同時に、送球動作に移る」ということが究極の技術のはずなのだ。それなのに、久慈さんはさらに先を行っている。

久慈さんは、打球を捕る前から投げ始めている。これは足運びのスピードが速いとか、握り替えが素早いとか、そんな次元ではない。もう、捕球以前の段階から送球動作が始まっている。久慈さん以外の選手がマネすれば、体が流れてミスが起こるような動きなのだ。だが久慈さんは、捕る以前に足は投げる方向に向かっているのに、体は残っている。これは、いくらマネしようとしても無理。せいぜい距離が短いダブルプレーに、久慈さんのような動きを取り入れるのが精一杯だった。

今のプロ野球を見ていても、久慈さんほどの次元で連動させられる選手は見当たらない。普通なら「1、2、3」というリズムで投げるのに、久慈さんからは「1、2」でボールが来る。だからダブルプレーに入ったときに、受け手がボールに差し込まれてしまうくらい速く感じる。「あれ、いつ投げたの?」というほどに。

私がショートのスタメンとして試合に出始めていたころ、試合終盤になると私は立浪和義さんの守備固めとしてセカンドに回され、ショートには久慈さんが入るようになっていた。それがあるときを境に、久慈さんがセカンドの守備固めに入り、私はそのままショートを守り続けるシフトになった。ここで野球選手として一段上のレベルに行けたという実感が湧《わ》いてうれしかった。一人前と認められた気がしたのだ。それ以来、私はチーム内だけでなくチーム外のライバルにも目を向けて、技術を磨いていく余裕が生まれたのだった。

巨人でキャリアを築いた川相さんの思考に触れられたのも大きかった。それまでは久慈さんを追いかけていた私が、また違う理論と動き方をしている選手を知ったのだ。川相さんというお手本を見て、私は「まず目指すべきは川相さんだ」と悟り、方向性を定めることができた。川相さんには様々な知識を教えていただき、それが私の血肉になっていった。

宮本慎也［ショート、サードなど］内野に必要な要素をすべて持つ守備職人
石井琢朗［ショートなど］スピードで勝負する華《はな》のある遊撃手

私が1998年にプロに入った当時、セ・リーグの花形ショートと言えば、ヤクルトの宮本慎也さんと、横浜（現横浜DeNA）の石井琢朗さん（のちに、広島にも在籍）だった。ショートのゴールデングラブ賞は、97年、99〜03年が宮本さん、98年が石井さん。2人がしのぎを削っていた。とはいえ、若手時代にそんな雲の上の人を見ている余裕などなかった。最初は中日のチーム内、まずは二軍のショートに勝たないと……と思っていたからだ。一軍でショートのレギュラーをつかんでから、ようやく宮本さんや石井さんのプレーを見るだけの余裕が生まれた。

宮本さんは、私が手本にしていた久慈照嘉さんの要素も川相昌弘さんの要素も両方兼ね

ゴールデングラブ賞は、遊撃手部門で6回、三塁手部門で4回。堅実さが光る宮本慎也さん。

備えているように見えた。つまり、久慈さんのように捕球と送球の動作を連動させることもできれば、川相さんのように捕球と送球を分けて安定したプレーもできる。そして、どちらかと言えば、堅実なタイプのショートだった。

一方の石井さんはスピードがあり、華《はな》のあるイメージ。「宮本さんか石井さんのどちらのスタイルを選ぶ?」と言われれば、まず石井さんの方向性は無理だと真っ先に悟っていた。それほど動ける範囲が広く、足さばきも素晴らしかった。

ヤクルトや横浜との対戦時は、宮本さんや石井さんの守備を試合前の練習から食い入るように見ていた。ベンチからは距離があってわかりづらかったが、少しでも参考にしたかった。とくに宮本さんはゴールデングラブ賞を何度も受賞し続けていただけに、自分がその牙城《がじょう》を崩《くず》すような、より高い評価を受けるにはどうすればいいのだろうと考えていた。

宮本さんのように、名手としてのイメージが確立している人がいると、あとから出てきた人間が評価を覆《くつがえ》すことはなかなか難しい。そこで私が目指したのは、単純にエラーの数を宮本さんよりも少なくしようということだった。それだけ宮本さんが完璧《かんぺき》だったということで、私が04年に初めてゴールデングラブ賞をいただくまでに時間がかかった。

宮本さんは晩年の08年にサードに転向したが、コンバート直後はサードの感覚に慣れるのに時間がかかったのか、らしくないエラーが目立った。ところが、翌09年からは守備率を上げ、そつなくこなしていたのはさすがだった。この年から12年までは、4年連続でサードのゴールデングラブ賞を獲得している。打者が打ったらすぐ動くショート仕様から、動くのを我慢するサード仕様へ。私には、宮本さんが打球への準備態勢を転換したように見えた。改善ポイントに気づいてすぐ修正できるあたり、さすがと言うほかない。

小坂誠［ショートなど］パ・リーグの試合で刺激を受けた足運び

05年からセ・パ交流戦が始まり、パ・リーグの選手のプレーを目《ま》の当たりにする機会が一気に増えた。だが、交流戦が始まる以前から、私には気になる選手がいた。それが千葉ロッテで「牛若丸」と呼ばれた小坂誠さん（のちに、巨人、東北楽天にも在籍。現千葉ロッテ二軍内野守備・走塁コーチ）だ。ショートとしてゴールデングラブ賞を4度も受賞している。

身体能力なら私と同い年の松井稼頭央が圧倒していたが、小坂さんは身長167センチの小兵《こひょう》ながらショートとして素晴らしい技術を持っていた。私が目標にしていた久慈さんに似ていて、捕球と送球を連動させるタイプ。私にとってはマネしたくてもできない、その世界に片足を踏み入れればドツボにハマりそうな魅惑の守備スタイルだった。

小坂さんの動きをコピーするとしたら、小学生のころから器械体操でもやっておかないと不可能ではないか。あの柔らかくクネクネした身のこなしは、見ているだけで楽しかった。

久慈さんと小坂さんに共通して言えるのは、体がけっして大きくない私よりもさらに小柄ということ。宮本さんと私は体型も似ており、スピードも肩の強さもそこそこ。石井さんや松井はスピードがあり、肩も強い。そうやって見ると、選手のタイプというものは身長やスピードなどの特性で勝手に分かれていくのかもしれない。ただ、私にとっては久慈さんや小坂さんのようなプレーは憧《あこが》れだった。たまにオープン戦などで小坂さんの動きを見て、「ああやって動くんだ。今度やってみよう」などと参考にさせてもらっていた。

鳥越裕介《とりごえゆうすけ》［ショートなど］長身でも動きはしなやかな大きな壁

今のプロ野球で長身ショートと言えば坂本勇人（身長186センチ）がいるが、私のイメージは中日で一時期同じユニフォームを着た鳥越裕介《とりごえゆうすけ》さん（現千葉ロッテヘッドコーチ）だ。身長が189センチもあるのに、ぎこちなさはなく、普通の身のこなしができる。ごく標準的な体型の私には、なぜこの長身を扱えるのか想像もできなかった。

私が中日に入団した98年は、「韓国のイチロー」と呼ばれた李鍾範《イ・ジョンボム》が韓国プロ野球から来日し、久慈照嘉さんが阪神から移籍してきた年だった。すでに一軍実績のある鳥越さんが、二軍でショートを守っている状態だった。私も当然、二軍からのスタートだったので、まずは鳥越さんを意識して取り組んでいた。といっても、ほかにもショートは4～5人いる激戦区で、私は大学時代に守っていたセカンドを引き続きプロでも守ることになった。

李がケガをして、鳥越さんが一軍に上がり、私は二軍のショートを守るようになった。その後、鳥越さんは福岡ダイエーに移籍したから、私の中で鳥越さんを超えた感覚はない。移籍先でも安定した守備を武器に活躍。チームに欠かせない戦力になった。ゴールデングラブ受賞歴はないものの、指導者としても福岡ソフトバンク、千葉ロッテで辣腕《らつわん》をふるっている。

立浪和義［ショート、セカンド、サードなど］日本プロ野球史上最高の高卒1年目遊撃手

内野の名手で名前を挙げずにはいられないのが立浪和義さんだ。私の中日時代の大先輩で、野球少年だったころからの憧れの選手である。ショート、セカンド、サード、レフトと年代によって幅広いポジションをこなしていたが、個人的に印象深いのはショートだ。

私は小学生のころから、当時はPL学園高校のショートを守っていた立浪さんを見ていた。87年の甲子園春夏連覇を成しとげた伝説的なチームで、当時はピッチャーだった私も、立浪さんに夢中になっていた。本当に格好良かったのだ。高校に進んでから内野手に転向

した際、立浪さんモデルのグラブを購入したほど。立浪さんは私と背格好はさほど変わらないのに、攻守に華のあるスーパースターだった。

プロでは肩を痛めたこともあって早い段階でセカンドにコンバートされた立浪さんだが、高卒1年目でショートのゴールデングラブ賞を受賞している。高校を卒業したばかりのショートが一軍でレギュラーになり、ましてやゴールデングラブ賞まで獲《と》ってしまう。その本当の恐ろしさを私はわかっていなかった。実際に自分が大卒でプロに入ってみて、それがいかに困難でありえない偉業かを改めて思い知らされた。おそらく、歴代の高卒1年目のショートでいちばんの守備力だったのではないか。なにしろ、PL学園で1学年下だったあの宮本慎也さんが、「高校時代の立浪さんはすごかった」と大絶賛するほどなのだから。

あるとき、そんな立浪さんから、「俺が見てきた中でいちばんうまい」と、守備をほめられたのはうれしかった。リップサービスも混じっているだろうし、私としては「いやいや、うまいのは立浪さんでしょう」としか言えなかったが、この言葉は大きな自信になった。

プロ野球には様々な新人記録がある。その中でも、高卒1年目でショートとしてゴールデングラブ賞を獲る選手は、立浪さんが最初で最後ではないか。そんな選手を育成するには、打撃を度外視して小学校1年生くらいから英才教育を施《ほどこ》して、守備を仕上げるくらいしないと不可能な気がする。高校生までに守備を完成させるのは、それほど難しいことなのだ。

高卒1年目からショートのレギュラーとなり、新人王とゴールデングラブ賞の立浪和義さん。

立浪さんはショートとしてゴールデングラブ賞を受賞した以外にも、セカンドで3回、サードで1回受賞している。3ポジションでの受賞は史上最多ということだ。

高代延博【ショートなど】井端理論の土台を授けてくれた恩人

ショートの最後は、私と現役時代がかぶっていない大先輩をぜひご紹介したい。

プロでは様々な指導者に出会ったが、こと守備にかけて大きな影響を受けたのは高代延博さんだ。高代さんは守備の名選手として知られ、日本ハムファイターズで活躍。79年には当時の守備表彰「ダイヤモンドグラブ賞」をショート部門で獲得している。引退後は、最後の現役シーズンをすごした広島や中日だけでなく、様々なチームからコーチとして請《こ》われ続け、今や内野守備コーチのスペシャリストとして高い評価を得ている。19年は阪神の二軍チーフコーチを務めている。

ショートとしての実績も申し分のない高代さんだが、全盛期は私が小学生のころだから、素晴らしいプレーぶりをリアルタイムではほとんど見ることができていない。なので、ここでは、私が触れてきた高代さんの指導者の部分を中心に語らせていただこうと思う。

私の守備理論のベースは、ほぼ高代さんに教わったことと言ってもいい。基本的な考え方はまったく一緒だからだ。自分の体に合った捕り方、動かし方はもちろん、準備を早くすることもそう。あとは、クセを直すためにあえて極端な動きを取り入れることも。強制的に「体を柔らかくしろ」「この形にしろ」と型にはめるのではなく、人それぞれ持っている体の特性に合うベストの捕り方をさがしてくれた人だった。ただし、今だから言えることだが、若手時代は大変失礼ながら、「うるせえな」としか思っていなかった。それは私だけではない。高代さんからあれこれ言われることに対して、チームメイトの荒木雅博も森野将《まさ》彦《ひこ》（現中日二軍打撃コーチ）もきっと内心では、「わかってるよ」と悪態をついていたはずだ。

だが、経験を重ねるうちに、「高代さんが言っていたことは、これだったのか」とわかった。今はもう、高代さんには感謝しかない。言われるようにやってきて良かったと痛感している。

そして自分が指導者になった今、指導スタイルも高代さんから受けた影響は間違いなくある。おそらく、私が巨人でコーチをしていたあいだの若い選手には、「うるせえな」と思われていたに違いない。だが、それも何年後かに、「井端さんが言ってたのはこのことか」とわかってくれればそれでいい。「あのやろう、嘘《うそ》を教えやがったな」と言われさえしなければ。

私も経験があるが、様々な指導や理論に手を出す中で、「気づき」があるものだ。私の場合も、入団2年目の99年からコーチを務めていた高代さんが01年限りで中日を退団して、04年に再び中日に復帰するのだが、そのときにありがたみを感じた。高代さんがいないあいだに試したことが、「違うな」と感じることばかりだったからだ。

巨人の教え子たちも、いずれそんな感想をいだくことがあってくれたらうれしい。

井口資仁【セカンドなど】未来を不安にさせられた憧れの人

私にとって、身近な同年代のスターと言えば、福岡ダイエーなどで活躍し、現在、千葉ロッテで監督を務めている井口資仁さんだった。

1学年上の井口さんは中学時代から有名人で、私が高校に入ったころにはすでにスーパースター。全国に名がとどろいていた。ショートの守備は格好いいし、足は速いし、バッティングまでいい。井口さんが進んだ青山学院大学と私の亜細亜大学は同じ東都大学リーグで、ここでも身近な存在。憧れ中の憧れだった。

私は高校時代にショートを守っていたが、大学ではセカンドにコンバートされた。アマチュア時代から常に最前線を走る井口さんから遠く離れた立場になったように思えて、ショートとしてはいち早く脱落したな……という寂しい実感があった。

そんな井口さんがプロでショートとしては通用しなかったことはショックだった。間違いなく成功すると思った選手が、守備でも打撃でも苦しむとは。同世代の逸材がプロで通用するかどうかはわかりやすい物差しになるだけに、プロはどんな世界なんだ……と途方に暮れた記憶がある。その意味では、井口さんは私を不安にさせてくれた選手だった。プロに入ったら井口さんがセカンドになり、逆に私がショートになるのだからわからないものだ。井口さんのセカンドは、見ていて安心感があった。ショートだっただけに身のこなしはいいし、足があったから守備範囲も広い。ゴロをさばくにもスローイングにも、ほど良く力が抜けていた。やはり、井口さんはどこを守ってもうまいなと改めて感じたのだった。セカンドとしてゴールデングラブ賞を3度獲得。メジャーリーグでも活躍した。

中村紀洋【サードなど】驚異の柔らかなグラブさばきの三塁手

森野将彦【サード、ファーストなど】突然守備力が開花した遅咲き内野手

サードの名手として真っ先に浮かぶのが、中村紀洋さんだ。07年から2年間、中日で三遊間を組ませてもらった。NPB（日本野球機構）通算404本塁打を放《はな》ったように打撃のイメージが浸透しているが、守備力も高かった。とくに、グラブさばきの柔らかさは、ほれぼれした。私が見てきたサードの中で、捕ることにかけてはナンバーワンだと思う。ゴールデングラブ賞はサードとして史上最多タイの7回（近鉄で5回、中日で2回）も受賞している。

中日に移籍してきたのは30代なかばだったため、足がよく動くとは言いがたかったが、若いころは軽快だったのだろう。それでも前の打球へのチャージもできるし、ジャンピングスローもうまかった。スローイングも安定していたから、サードとしては申し分なかった。中村さんの守備の理論は、私とまったく一緒だった。捕るリズムなど見ているだけで勉強になる。また、サードは打者が打った瞬間には動かないという鉄則も実践できる人だった。

中日時代のチームメイトである森野将彦も印象深い内野手だ。入団したのは森野が先だが、年齢的には大卒の私が上。96年のドラフト2位と高い期待を受けてプロ入りしたものの、レギュラーに定着するまでには時間がかかった。

当初は守備に難があった森野だが、ある年に、なんの前触れもなく突然うまくなり、驚いた記憶がある。おそらくノックを数多く受けていく中で、動きからさばきまで自然と覚えていったのだろうと思う。先輩たちの動きから多少は見て学んだ部分もあるかもしれないが、少なくとも私や荒木からはひと言も言っていないのに、自分で身につけていった。

ファーストとしてショートバウンドの止め方がうまくなり、サードの守備もみるみる上達。その要因は、やはり準備が早くなったことに尽きるだろう。

「急にうまくなったな」と感じたのと時を同じくして、森野はレギュラーに定着するようになった。ただ、チーム事情から内野のポジションが埋《う》まっていたため、途中でレフトにコンバートされた。せっかくうまくなってきたのに、もったいないな……と思っていると、中村さんが東北楽天に移籍したタイミングで、再び内野に戻ってきた。

息の長い現役生活を送ることができた一因は、守備の向上も間違いなくあるはずだ。ファーストとしてゴールデングラブ賞を1回受賞している。

駒田徳広［ファーストなど］歴代最多10回のゴールデングラブ賞
渡邉博幸［ファーストなど］数々の内野手を助けた人間性と技術
新井貴浩《たかひろ》［ファーストなど］献身的なプレーでチームのまとめ役

巨人、横浜で活躍した駒田徳広さんは、一塁手部門では歴代最多となる10回のゴールデングラブ賞受賞（巨人で4回、横浜で6回）。私とは現役時代が3年間重なっていて、実際のプレーも見たことがあるが、身長191センチで手足が長く、ファーストミットが届く範囲がとにかく広かった印象がある。内野手からの送球も、しっかり股《また》を割って確実にキャッチしていた。

私がファーストというポジションを重要視していて、中日時代には渡邉博幸さんに助けられたという話は先にも述べた（40ページ参照）。渡邉さんは、おもにファーストの守備固めを担《にな》っていた。04年には規定打席に到達しなかったのに、ファースト部門のゴールデングラブ賞を受賞。私としては、渡邉さんがファーストにいれば、とにかくラクだった。低い送球を投げておけば、全部捕ってくれるイメージがあった。私が中途半端なバウンドの球を投げて渡邉さんが弾《はじ》くと、先輩なのに「俺のミスだ」と謝ってくれた。こちらは恐縮するのだが、そのひと言で救われる。人間性も含めて素晴らしいファーストだった。渡邉さんのような選手に出会って初めて、「内野手を育てるのはファーストだ」と実感した。

ショートバウンドをことごとく拾い、投げ手の精神的な負荷を取り除いてくれる。こんなファーストがいれば、内野手は「次はいい球を投げよう」と前向きに思える。

巨人コーチ時代、ファーストを守っていた岡本和真には、「ショートバウンドを捕り損《そこ》ねたら、全部お前のエラーだ」と伝えていた。岡本もただ打つだけの選手ではなく、守備面でも内野陣の心の拠《よ》りどころとなる選手になってもらいたい。

渡邉さんは、サードもうまかったし、守ろうと思えばどこでも守れた。代打でもよく打っていたし、こんな選手がベンチに控えていると、首脳陣は大助かりだったはずだ。

新井貴浩《たかひろ》（元広島、阪神）は、守備のイメージはあまり強くないかもしれないが、阪神時代の08年にファーストでゴールデングラブ賞を受賞。この年は91試合の出場ながら失策は1つだけ。広島に戻ってからも、チームの精神的支柱として献身的にプレーしていた。

第7章

内野手列伝Part2　現役トッププレーヤーに学ぶポイント

鳥谷敬［ショート、サードなど］常に捕ってから一定の堅実な守備

前章ではすでに引退したプレーヤーについて語ってきたが、本章ではプロの現役で活躍している名内野手について触れていこう。

まずは、対談にも登場してもらっている阪神・鳥谷敬だ。

１９３９試合連続出場、13年連続フル出場の鉄人ぶりが有名。本当に頭が下がるのは、この記録をほとんどショートとして成しとげていることだ。私は年間フル出場したのは6回だけだから、とうてい想像できない。ショートとして試合に出続けることの大変さはよくわかるが、相当な疲労の蓄積や苦労があったのだろう。

個人的には、２０１３年のＷＢＣでともに侍ジャパンでプレーした仲間でもある。２次ラウンドのチャイニーズタイペイ（台湾）戦では、1点ビハインドの9回二死一塁から鳥谷が二盗を成功させ、直後に私が打ったセンター前ヒットで生還してくれたのが印象深い。そのあたりの裏話は、本書の対談（前編）で改めて語り合った。ご参照いただきたい。

鳥谷の守備の長所は、準備が早いことだろう。打者の「カーン！」という打球音を聞く前からグラブを地面に置いて構えている。そして、捕ってから一塁に投げるまでのリズム

が常に一定なのも特筆すべきところだ。打球を見ずに鳥谷の動きだけを見ていたら、どの打球でも全部同じようにさばいているように見える。速い打球だろうが遅い打球だろうが、ほとんど同じ動き。そういう選手は打者にもいる。速い球だろうが遅い球だろうが、常に同じ打ち方に見えるのだ。自分のスタイルを貫けるのだから、パフォーマンスは安定する。

とくに脂《あぶら》が乗っていた時期は、堅実なイメージが強かった。09年から13年まで久慈照嘉さんが阪神の内野守備・走塁コーチを務めた（16年から再就任）あたりから、年々うまくなっていく印象があった。

これだけ息の長いプレーヤーになれたのは、鳥谷の努力と頑丈《がんじょう》な体ももちろんあるだろうが、本拠地の甲子園球場が土のグラウンドだったことも大きいだろう。土のグラウンドなら、打球に飛びついたり思いきり走ったりすることに対して、気をつかわなくてすむ。

人工芝だと打球に飛びつくにも、少しでも中途半端にいくと手首が曲がったり、ヒザを打ったり、ケガの危険がある。地面を踏ん張るプレーにしても、気をつかってやりにくさがあった。だが、甲子園球場やマツダスタジアムのような土や天然芝の球場では、リミッターが外れてプレーできる開放感があるのだ。

17年はサード、18年はセカンド、19年は再びショートと毎年違うポジションをこなしているように、ある程度の器用さもある。あとは、ファーストを経験してくれれば、私と一緒だな……と密《ひそ》かに思っている。

ポジションがショートに戻ったことは本人の希望だという。この心理はよくわかる。私も35歳になってショートからセカンドに移り、2年後にまたショートに戻った。野球人生の終わりが見えてきたとき、「これが戻る最後のチャンスだな」と思うと、またやりたくなるものなのだ。私の場合、また新鮮な気持ちで一から取り組めたから、結果的に長く現役生活を送れたのかなと思っている。

鳥谷も2年間ショートから離れたことで、自分の中に残っている以前のイメージとは違うという不満や違和感はあるだろう。ずっと同じポジションを守り続けていれば、肉体的、感覚的な変化には気づきにくい。だが、2年離れたことで全盛期の動けていたころと今の自分を比較してしまい、がっかりしてしまうもの。ただポイントは、そこで心機一転、あでもない、こうでもないと取り組めるかどうかだ。

私が鳥谷を気の毒だと思うのは、良くも悪くもドラフトの目玉としてプロ入りしたこと。1年目（04年）の途中からレギュラーとしてフル出場を続けたため、ファームでじっくりと基礎を作るだけの時間がなかった。本来なら若い時期に基本をみっちり叩《たた》き込まれ、30歳を過ぎて体が動かなくなってきたときに引き出しとして残しておく準備期間があるものだ。しかし、鳥谷の場合は毎日試合に出る中で、その準備をする時間がなかったのではないか。ベテランと呼ばれるようになって、急激に守備の動きに衰えが出たように感じる。だが、今となっては前向きにとらえて、できることをやってもらいたい。その中で、若いころにできなかったことにチャレンジし、打球のさばき方や、動き方の習熟度を高めて、カバーしていく。その結果が技術の向上や知識の蓄積につながるのだ。

ゴールデングラブ賞をショートとして4度受賞、サードとしても1度受賞。その功績が色あせることはない。ショートに再転向したことで、守備の深みを再発見して今後の野球人生の糧《かて》にしてもらえたらいいなと思う。

坂本勇人［ショート］リラックスを覚えた、日本を代表する遊撃手

プロ2年目（08年）からほぼショート1本で11年間、巨人のレギュラーを任され続けている坂本勇人。私が巨人に移籍したころはすでに確固たる中心選手だったから、細かく指導したことはない。ただ、ときどき送るアドバイスには素直に耳を傾けてくれた。

若手時代の坂本は、私の印象では「打撃の選手」だった。それが年を追うごとに守備への意欲も高まってきて、どんどんうまくなっていった。デビューしたてのころは、打撃のことだけで頭がいっぱいだったに違いない。だが、いつしかバットを持っているときは打

撃だけ、グラブを持っているときは守備のことだけ……と頭の中で分けて考えられるようになったと感じる。先に打撃をアピールしてレギュラーになり、徐々に課題の守備を向上させていくパターンは、ショートとしては珍しいかもしれない。

私が巨人に移籍した14年当時と比べても、坂本は上達している。とくにグラブさばきにかけては球界トップクラスだろう。打球に対してリラックスして入れるようにもなった。

かつては速い打球が来ると体に力が入って、全身が固まっていた。それでエラーになるケースもあったが、いつしか「どうせエラーするなら、力を抜いてやろう」と開き直れるようになった。速い打球に対してグラブを早く下に着けて、我慢して待ち構える動作はひたすら練習して身につけたものだ。

坂本には、私もいくつかヒントを与えてきたつもりだ。意外に思われるかもしれないが、坂本にはネガティブな一面があり、おそらく本人の中に「絶対にエラーしない」という確固たる自信がまだないように見える。

1500試合以上のキャリアを積み、たとえ1か月くらいエラーしていなくても、「どうせエラーするんだろうな……」という不安を口に出すことがある。また、エラーが続くと気持ちが切れる傾向があり、まだ精神的なムラが見られるのも玉にキズだ。試合でエラーしないためには、練習でもそのつもりでやらないといけない。ノックの本数を数多く受けられる年齢でもない。練習のときから「どんな打球でもエラーしない」という気持ちで取り組めたら、試合でも自然とそういう精神状態でプレーできて、エラーは減るはずだ。

内野手はエラーしたら、その日は落ち込んでいるもの。その心理はよくわかる。でも、坂本はエラーした次の日まで引きずるようなところがある。いかに気持ちを切らさず、どんどん強気でいけるか。そこは、坂本がベテランへとさしかかる今後の課題だろう。

例えばシーズンを1か月区切りで考えたらどうか。1か月間、エラーしてもしなくても、そこで仕切り直す。エラーが重なって「もうダメだ」という後ろ向きな思いを、いったんリセットする。坂本ほどの能力があれば、ノーエラーで3か月、4か月と続けられるかもしれない。日本を代表するショートだからこそ、これからも挑戦し続けてもらいたいのだ。

安達了一［ショートなど］捕ることにかけてはナンバーワン

よく「井端さんがうまいと思うショートは誰ですか？」と聞かれることがあるが、個人的に好きなのは、オリックスの安達了一だ。派手さはないのでそれほど目立たないとはいえ、捕ることにかけては今のプロ野球でナンバーワンではないか。

落とさない。こぼさない。わずかなファンブルが命取りになるショートというポジションは、安達にとって天職と言えるだろう。

本書では再三、「捕る」ことの重要性について言及した。捕る形がいいということは、投げる動作にスムーズに移れるということ。だから捕ることがうまい選手は、送球もいい。

安達の場合は肩があまり強くない印象こそあるものの、捕ってしまえばアウトにできるだけの力はある。バランスのいい捕り方をするから、スローイングが乱れにくいのだ。

数年前から本人には、「捕ることはいちばんうまいと思う」と告げている。潰瘍《かいよう》性大腸炎という難病を発症していることもあり、自分の体とうまく付き合っていかなければならないハンデはある。

ゴールデングラブ賞は1度も受賞したことはないが、どうしても地味な印象が邪魔をして記者の票が集まらないのかもしれない。19年はサードを守ることも増えているが、その高い守備の技術はもっと評価されるべきだと私は思っている。

大和［ショートなど］外野転向期が惜しまれる守備名人

現役のプロ野球選手の中で、私が目標にしていた久慈照嘉さん以上に捕球と送球を連動させたショートはいないと述べたが、その方向を目指していそうな選手はいる。それが大和（横浜DeNA）だ。

よけいな動きを入れず、上体をリラックスさせて華麗にさばく。内野手としての動きは1つひとつ分解して見ても、素晴らしいものがある。

惜しむらくは、阪神時代に途中（12年）で、外野手に転向してしまったこと。阪神のショートは大看板の鳥谷敬がおり、チーム事情から仕方がない。その結果、一軍で多くの試合に出られたという、本人が受けた恩恵も大きい（14年には、外野でゴールデングラブ賞にも輝いている）。ただし、内野手としては間違いなくマイナスだった。

もし、大和が入団してから内野手一本で基礎をみっちりと叩き込んでいれば、おそらく今ごろは球界トップクラスの名ショートになっていただろうと、惜しまずにはいられない。

現在のプレーを見ていても、足がうまく使えていないと感じることがある。繊細な足さばきができる素材だったのに、雑な部分が見えてしまう。

ただ、内野手としては間違いなく遠回りしたとはいえ、それでもまだ年齢的には30歳を過ぎたばかり。18年は横浜DeNAにFA移籍して、初めて年間通してショートとして出場した。少しミスも目立ったが、本人の頭の中では失敗が起きた原因はすべて把握しているはず。慣れてくる中で、いかに実戦で修正できるかがポイントとなってくる。

新天地2年目以降にショートとしての確固たる地位を築き上げられるのか、注目したい。

田中広輔［ショート］泥臭くてもミスしない内野の鑑《かがみ》

16年からセ・リーグ3連覇を成しとげている広島。そのショートを守る田中広輔は、泥《どろ》臭《くさ》いながらも味わい深い守備をする。個人的には好きな守備スタイルの選手だ。

広島の本拠地のマツダスタジアムは内野のエリアに天然芝が敷かれている。人工芝と違って跳《は》ね方が一定ではない。難しい足場で「いつ打球が変化するのか？」と神経をすり減らしながらプレーしているからか、守りがたくましい。18年のエラーの数はわずか7個で、守備率は9割8分9厘。天然芝の球場を本拠地にしているとは思えない驚異的な数字だ。当然のように、同年のゴールデングラブ賞を受賞している。

私は、試合ではたとえ見栄《みば》えの悪い形でも、アウトにできればそれでいいという考え方だ。田中はそれを見事なまでに実践している。あくまでも練習は練習で、試合は試合。練習ではしっかりと基本となる形を作り、試合では形はどうあれエラーしないことが大事なのだ。

田中は天然芝のマツダスタジアムでは不格好な捕り方をすることもあるが、人工芝の球場では一転、きれいにさばく姿を見せる。このあたりは独特なスタイルと言える。

メジャーリーグとは違い、日本のプロ野球は天然芝の球場が少ない。本拠地で慣れているというアドバンテージはあるにせよ、球場ごとの条件に対応しながら守れるのは大きな武器になっている。この「簡単にはエラーしないぞ」というプレースタイルは今後もずっと継続してもらいたいし、他チームのショートにも見習ってほしい部分だ。

源田壮亮［ショート］いい意味で力の抜けた身のこなし

18年、プロ2年目にしてパ・リーグのゴールデングラブ賞を受賞した埼玉西武・源田壮亮。この年の補殺数526はNPBのショート歴代最高で、守備範囲の広さを示す指標では球界トップの数字を出したという。やはり守備中の動きは素晴らしいと感じる。

とくに、打球に入っていく形がいい。たとえバウンドのリズムが合わなくても、あわてることがない。たいていバウンドが合わなければ、体によけいな力が入ってしまうものだが、源田にはそんな仕草も見えない。守っていて、いい具合に力が抜けているように見えるのだ。

グラブさばき、足さばきの良さに関しては一級品。パ・リーグでは同郷（大分県）で年齢の近い福岡ソフトバンク・今宮健太といいライバル関係になってきたが、私は現時点では源田のほうがうまいと感じている。とはいえ、私が認めていても、「今宮のほうがうまい」と感じている人もたくさんいるはずだ。誰からも「源田のほうがうまい」と言われるようになるには、誰もやったことのない究極なことをしないと難しい。そこで、源田も今宮も目指してほしいのは、「ショートで年間通してエラーゼロ」だ。

あえて源田の課題を指摘するとすれば、少し小手先に走る部分があること。それと、打球が来る間際でなにかと動きがちなのも気になる。もう少し早めに構えられると、もっと余裕ができてプレーに安定感が増すはずだ。

ただ、源田はまだ社会人を出て19年で3年目を迎えたばかりの選手。これからいろんなことが見えてきて、わかってくるはず。ゴールデングラブ賞は受賞したが、これがすべてと思わず、年々進化していってほしい。現状維持でいいと思えば、それ以上に自分を高めることはできないからだ。

今宮健太［ショート］「捕る」と「投げる」を分ける剛腕

18年は右ヒジ痛の影響もあり精彩を欠いたが、13年から17年まで5年連続でショートのゴールデングラブ賞を受賞してきた実績がある福岡ソフトバンク・今宮健太。

彼の特徴は、完全に捕球と送球を分離させたスタイルにある。巨人、中日で活躍した川相昌弘さんと同じタイプだ。今宮は、高校時代にはピッチャーとして甲子園で最速154

2013年から5年連続ゴールデングラブ賞受賞で、球界を代表するショートとなった今宮健太。

キロを計測した剛腕の持ち主。その驚異的な肩を最大限に生かすような守備をしている。いちばんの魅力は、やはり三遊間の深い位置から刺すスローイング。ほとんどの内野手は今宮のような送球をしたくてもできないから、なんとかカバーしようと、足さばき、グラブさばきの向上に走るのだ。プロ野球選手であれば、たとえ内野手でも130キロ程度のスピードボールは投げられるもの。さらに今宮は、150キロを投げられるのだ。

そんなスピードは、ピッチャーでもなかなかいない。まず捕りさえすれば、あとは肩を目いっぱい生かして投げればいい。シンプルで安心感のあるプレースタイルと言える。

ただ、そんな中でヒジを痛めてしまったのは気がかりである。今後は間一髪のタイミングではないシーンでは、捕球から送球まで連動させた守備もできるようになるといいだろう。

つまり、肩を生かす場面とそうではない場面とで使い分けができるようになること。肩に自信がある分、足さばき、グラブさばきには改善の余地があるように見える。今宮はまだ20代後半と若く、これからさらに技術を身につけていけば、歴代の「名手」と言われている人よりも上にいける可能性はある。

19年に大阪桐蔭《とういん》高校から中日に入団した根尾昂《あきら》もそうだが、突出した身体能力から150キロ級のボールを投げることは、普通の内野手にはできない。大多数の内野手にとってはうらやましいことだ。

菊池涼介［セカンド］深い守備位置を可能にする身体能力

次はセカンド。もはや日本のプロ野球ファンのあいだで知らない人はいないくらい、菊池涼介（広島）の守備は有名になった。13年から6年連続でゴールデングラブ賞を受賞しており、名実ともに日本を代表するセカンドだ。

菊池の特徴は、なんと言ってもその深いポジショニングにある。本来、内野の守備範囲ではないと思える位置を守っている。昔から、このあたりを守るセカンドは存在していただろう。セカンドは一塁までの距離が近いから時間の猶予《ゆうよ》もたっぷりあり、大胆なポジショニングをとれる。だが、菊池ほど広い範囲をアウトにできる選手はいなかったのではないか。深い位置で強い打球をアウトにできるセカンドはいても、ボテボテのゴロまで前進してアウトにできるのは菊池だけだろう。

さらに、菊池にはセカンドとして球界トップクラスの強肩、体幹の強さもある。二遊間のゴロでも強いスローイングを生かして刺せるし、体勢を崩《くず》して際どい打球を捕りそのまま投げた場合でも、悪送球をすることがほとんどない。近年は二塁ベース寄り深くに守ることが目立つが、おそらく一、二塁間は一塁ベースに近いから刺せるという自信があるためだろう。
現時点ではほかに並ぶようなセカンドは見当たらない。それほど突出した存在だ。

山田哲人【セカンド】守備も意欲旺盛な洗練された動き
藤田一也【セカンドなど】NPB随一のグラブさばきを誇るベテラン

守備面で菊池涼介に迫るには相当にハードルが高いものの、若い実力者として楽しみにしているのが、東京ヤクルトの山田哲人だ。

史上初の3度のトリプルスリー（3割30本30盗塁）を達成したように打撃と走塁の印象が強いかもしれないが、発言を聞いていても守備への意欲が高いことは伝わってくる。

山田の守備の長所は、無駄な動きをしないこと。捕って、ステップして、投げる。その一連のリズムがいつも変わらない。また、力感がないように見えるのも、全身がリラックスしている証拠だろう。

ただ、菊池のような派手な動きができるかと言えば、そういうタイプではない。これからゴールデングラブ賞を奪うには、エラー数を極端に減らすなど単純明快な数字を出さないと、世間の印象は変えられない。年齢的にもまだ若いだけに、守備でも球界トップを目

ゴールデングラブ賞を目標の1つに公言している山田哲人。守備力の向上に期待がかかる。

指して取り組んでもらいたい。

パ・リーグで目立つセカンドと言えば、東北楽天の藤田一也だ。すでに35歳を過ぎたベテランではあるが、グラブさばき、足さばきにかけてはNPB両リーグ合わせた二遊間の中でいちばんではないか。セカンドとしてゴールデングラブ賞を3度受賞している。

13年には当時楽天のエースだった田中将大《まさひろ》（現ニューヨーク・ヤンキース）が24勝0敗という超人的な記録をあげたが、田中は藤田のアシストに感謝していたという。丁寧《ていねい》に低めに集めるタイプのピッチャーの場合、必然的に内野ゴロが増える。とくに二遊間はよく打球が飛ぶから、そこの守備が堅いと、ピッチャーは精神的にラクになるものだ。

藤田の守備の特徴はそのさばきの良さはもちろん、準備の早さも挙げられる。基本的にグラブを早めに地面に着けて、そこから浮かさない。ミスの多い選手は、ここからバウンドを見てグラブが上下動してぎこちなくなるものだ。少し腰高なところは気になるものの、それでも自分の体を見事に扱ってプレーできるところはさすがである。

19年には埼玉西武から浅村栄斗《ひでと》がFAで移籍してきて、東北楽天のセカンドを守るようになったため、藤田はショートでの出番が増えているが、もともとショートができるだけの素養を持った選手である。その円熟味を増した技術で、これからも堅い守りを見せ続けてほしい。

松田宣浩［サード］6年連続合計7回のゴールデングラブの安定した送球

現役選手の中でサードの名手をさがしてみると、意外と人材が不足していることに気づかされる。パ・リーグで18年まで6年連続、合計7回ゴールデングラブ賞を獲得している福岡ソフトバンク・松田宣浩が筆頭に挙がるのは間違いないが、私にとっては亜細亜大の後輩ということもあり、どうしても辛口《からくち》になってしまう。本人に守備の話を聞いてみると、「ヤバいです」「僕の守備はひどいんです」などと自虐《じぎゃく》的な言葉が口をつく。だからだろうか、松田の守備に対して世間がいだいている好評判ほどいいイメージが湧《わ》かないのだ。

とはいえ、長くゴールデングラブ賞を獲《と》り続けることは、フロックではありえない。守備は積み重ねだからだ。私がとくに松田の守備でいいなと思うのは、スローイングの安定感。あとはガツガツとプレーするファイターなので、その気性《きしょう》が吉と出るか凶と出るか。

17年WBCの準決勝・アメリカ戦では、勝負どころで打ち取った当たりのサードゴロを捕り損《そこ》ねて、三塁ランナーの生還を許すミスがあった。やはり気持ちでプレーする分、球際で少し力《りき》んでしまう傾向があるように感じる。

年齢的に35歳を過ぎ、本人がネガティブな言葉を口にしていることからも、徐々に衰えを感じ始めた時期なのだろうか。肉体の衰えをカバーするには、持ち前の気力だけでなく、基本を押さえた技術も必要だ。その分岐点に立っているのかもしれない。

中田翔［ファースト］難しい送球をことごとく拾うハンドリング
坂口智隆《ともたか》［ファーストなど］「なぜこなせる?」と、最大の衝撃を受けたコンバート
ホセ・ロペス［ファースト］大記録を更新した堅実すぎる守備

最後は、現役のファーストの名手たちを取り上げたい。

徐々に知られるようにはなってきたが、北海道日本ハム・中田翔のファーストの守備は、現在の球界でトップクラスと言えるだろう。今やただ打つだけの選手ではなくなった。とくに優れているのは、柔らかいハンドリングだ。難しいバウンドでも見事に拾う天下一品のミットさばきを見せる。中田こそ、まさに内野手を育ててくれるファーストの守備だ。これまでゴールデングラブ賞を3度受賞している。

そしてファーストと言えば、18年に衝撃を受けた選手がいる。それは坂口智隆《ともたか》（東京ヤクルト）だ。オリックス時代に外野手として4度（08～11年）ゴールデングラブ賞を受賞した名手が、移籍後の18年にチーム事情からファーストを守るようになった。すると、30

代なかばだというのに、初めて経験するファーストという難易度の高いポジションを、ソツなくこなしてしまう。私としては、「ここまでこなせるなら、なぜプロに入ってすぐ内野をやらなかったんだ?」と、不思議で仕方がなかった。もし早めに内野手をやっていれば、二遊間でもやれるセンスの持ち主だ。もちろん、それだけの素養があったとはいえ、「どこでもいいから試合に出たい」という気構えがなければ、ここまで高い次元で実現できなかっただろう。

また、坂口のようにファーストをこなす選手がいるから、「ファーストは誰でもできる」と軽視される風潮に拍車がかかるのかもしれない。だが、ファーストはやはり難しいポジションだし、それをあっさりとこなしてみせた坂口はもっと評価されていい選手なのだ。

19年5月16日に一塁手として日本記録となる1517回連続守備機会無失策を達成した横浜DeNAのホセ・ロペス。この記録は、17年8月31日から始まり、18年の失策ゼロ(この年はゴールデングラブ賞を受賞)をはさんで、足かけ3年で達成したもの。19年6月2日の東京ヤクルト戦で打球を弾《はじ》いて1632で途切れてしまったが、素晴らしい記録だと思う。

メジャー時代に、内野4ポジションの経験があることから、もともと器用な選手だったのだろう。守備範囲は広くないものの、捕れる打球や送球は確実に捕る安定感があり、ショートバウンドも軽快に処理するミットさばきの柔らかさもある。サードの宮﨑敏郎をはじめDeNAの内野陣は、ロペスに感謝しているのではないか。

連続守備機会無失策の日本記録を樹立したロペス。派手さはないが、堅実な守備を誇る。

第8章

指導者へ伝授！ 内野守備の教え方

～選手の力を伸ばすために～

内野守備コーチとして伝えてきたこと

本書はプレーヤーだけでなく、野球の指導者の方も読んでくださっていることだろう。私は２０１５年シーズン終了後に現役引退し、翌16年から3年間、巨人の内野守備・走塁コーチを務めた。ここまでもそのときの話はいくらかさせていただいているが、この章では、コーチとして選手にどのようなことを教えてきたのか、より多く実例を挙げながら詳しくお伝えしていこう。少しでも内野守備指導に役立ててもらえたら幸いだ。

私が口を酸《す》っぱくして選手に話していたのは、「守備を完璧《かんぺき》にしてしまえば、打撃に専念できる」ということだ。プロでレギュラーを張るような選手は、思考のほとんどを打撃に集中させたいもの。前述したように、守備に大きなスランプはない。一度、技術を身につけてしまえば、多少形が崩《くず》れる時期があってもすぐに修正できる。

逆に守備が未完成なら、打撃も守備も不安を抱えながら試合に出続けなければならない。そうなると精神的な負担は大きく、とても年間通して戦えないだろう。

18年に大ブレイクした岡本和真は、シーズンが始まる前の3月初旬の時点で、本人も私も、「守備は仕上がったな」という実感があった。守備面で安心感を得たことで、打撃に集中できる土壌ができたとも言えるだろう。もっと言えば、どんな選手もいずれ年をとり、控えに回るときは来る。そのときにどうやったら出番が得られるのか。私が思うのは、打つだけの選手は意外と多いもの。だが、どのポジションでも守れるだけの守備力があれば、出場機会は必ずある。結果的に長く現役生活が送れることになるのだ。

巨人というチームは、打撃に偏重している傾向が強かった。「打てないと試合に出られない」という雰囲気があり、どの選手も守備・走塁よりも打撃面に気持ちが向いているところがあったのは否めない。これは巨人だけでなく、球界全体の潮流と言えるかもしれない。だが、18年のシーズン前の練習試合、オープン戦では守備面で目に余るプレーが連発する時期があった。1アウト一、二塁で内野ゴロが転がり、誰もがダブルプレーと思った場面。そこで一塁に暴投して1点を失い、なおもピンチの状況。結局、その回は悪い流れが続いて4~5点を許してようやく終わった。本来なら無失点でチェンジのはずが、たった1つのミスがきっかけでビッグイニングになってしまうのだ。

たまたまその日だけにミスが起きたならまだしも、次の日はまた別の人間、その次の日もまた別の人間……と日替わりで同じようなエラーをする選手が続出した。

私は基本的に、エラーしたことに対して選手を怒ったことはない。ただ、このときは1回、チーム全体の気持ちを守備に向けたほうがいいと思い、全員の前でこう言った。

「ここ何試合か、ずっと0点ですむところを1つのエラーで3点、4点と取られている。吉川（尚輝）や山本（泰寛《やすひろ》）は1試合で3打点、4打点と稼げるのか？　お前らが3打点をあげるには、ホームランを3本打たなきゃいけないとわかっているよな。でも、3本打つより3点取られないようにするほうが簡単じゃないのか？」

この話をしてから、選手たちの意識が明らかに変わった。そして、「守備も大事だな」という雰囲気は、コーチ陣を含めて巨人のチーム全体に広がったように感じた。

メジャーリーグに広まった「フライボール革命」（ゴロを避け、打球に角度をつけてフライを上げることで得点効率が上がるとされる理論）に象徴されるように、長打力の高い打者は増えている。1点を守ろうとしても、ホームランで簡単に取り返される時代を迎えている。

それでも、ホームランを打たれるリスク以上に、守備のミスから流れを失い、大量失点するリスクのほうが大きいことは変わらないのだ。

球際を狙《ねら》うノックは意味がない

内野守備の指導者にとって大きな仕事の1つが、ノックを打つことだ。

私が中日時代のコーチである高代延博さんから大きな影響を受けたことは、第6章でも述べた。そして、私のノックも高代イズムを引き継いでいる。高代さんのノックは、なにも難しい打球を打つわけではない。むしろ逆で、捕りやすい簡単なゴロを打ってくれるのだ。

春のキャンプでノックを受ける意味は、しっかりとした基本の形を作ることにある。そんなときにいろんなバリエーションの打球を打たれても、あまり効果は上がらない。

高代さんが打ってくれたのは、実に単調な捕りやすい打球だった。リズム良く、繰り返し同じような打球を続ける。「こんな感じ、こんな感じ……」と形ができてきたら、選手のほうから「こんな打球を打ってください」と要求する。高代さんはそのリクエストにこたえて、様々な打球を打ってくれる。選手としてはとてもありがたいノッカーだった。

私も巨人では、高代さんのような単調なノックを打ち続けた。打球にバリエーションをつけてほしいと要求してくるのは、坂本勇人くらいだった。そのときばかりは、こちらも「エラーさせてやろう」と真剣勝負のつもりで打っていたが……。

単調な打球とは、ポーン、ポーンと2バウンドして、3バウンド目のショートバウンドで捕るイメージだ。まずはこのリズムで捕球することを体に覚え込ませるのである。

巨人のコーチとして3年間経験する中で、自分の頭で「こういう打球を打とう」と思い描くとおりの打球を打てるようになった自負はある。ただ、勘違いしてほしくないのは、ノッカーの腕とは、狙《ねら》ったところにピタリと打てればいいというものではないことだ。

例えばアマチュアでよく見る光景だが、選手が捕れるか捕れないか……というギリギリの打球をノッカーが打っている。私は、これはまったく意味がないと考えている。はっきり言って、必要がないとすら思う。

守備範囲とは、とどのつまり足の使い方だけ。足さばきが良くなったとか、一歩目のスタートが速くなったとか、体のよけいな力が抜けてスムーズに動けるようになったとか、そういった要因で自然に広がっていくものだ。ノックでギリギリの打球を練習したからといって、守備範囲が広くなるわけではない。飛びつく練習なら、それを集中的にやればいいが、そんなに一生懸命にノックの打球に飛び込んでいたら、体に負担がかかり、ケガにつながる恐れもある。ノックでは基本的な捕球リズムをつかむこと。グラブさばき、足さばきを磨くことに注力すべきだ。選手が捕れるか捕れないかギリギリのところを狙ってノックを打つことなど、指導者の自己満足でしかない。

私の場合、試合前のシートノックになれば、さらに簡単な打球になる。選手にケガをされたらたまったものではないので、柔らかく地面を這《は》っていくような打球を選手に気持ち良くさばいてもらうことを最優先としていた。

キャンプでのノックも試合前のシートノックも、単調な作業の繰り返しだ。そこに守備の本質が詰まっていると私は考えている。指導者の方々には、ぜひ理解していただきたい。

ノックバットを持つ巨人コーチ時代の著者。球界発展のためには指導者の意識改革も不可欠。

練習内容に疑問を持つ

23ページでもお話ししたが、「多少疑《うたぐ》り深い性格のほうが内野手らしい」と考えている。私も既存の技術論を学びながら、「本当にそうかな？」と感じたことは、突き詰めて考えてきた。チーム練習のメニューでも、「この練習は意味があるのか？」と思わずにはいられなかったものがある。例えば、中日時代も巨人時代もキャンプでこんな連係プレーを練習していた。ランナー一、三塁の場面で、ノッカーがファースト後方かサード後方のフライを上げる。その落下点とホームベースのあいだにピッチャーがカットマンに入る。もし三塁ランナーが三塁にとどまって、一塁ランナーがタッチアップしたら、ピッチャーがカットして一塁ランナーを刺しにいくというプレーだった。1年に1回あるかないかの想定での練習だったが、この練習をする意図がわからなかった。

私が率直に感じたのは、「プロなのだから、ピッチャーがカットに入らなくていいだろう」ということだ。年に1回あるかないかというプレーを、普段カットマンに入る習慣のないピッチャーがとっさにできるだろうか。よほどセンスのあるピッチャーでもない限り、カットマンに入っても足手まといになるだけ。それなら、ピッチャーは従来のセオリーであるホームのベースカバーに走ったほうがよっぽどいい。

それならば、この場面はどうすべきなのか。私の考えは、三塁側のフライならサードとショートの2人が一緒に追う必要はない。角度によってサードが行くかショートが行くかを早めに決めて、どちらかがカットに回ればいい。やや後方のフライなら、レフトが追えばいい。サード、ショート、レフトの3人が追っていくようなケースはほとんどないのだ。一塁側のフライも、左右を反対にしただけで同じだ。

そもそも、仮に一塁ランナーがタッチアップして二塁に行ったところで、守備側は見向きもしなければいいだけの話である。よっぽどの緊迫した場面ではない限り、二塁に行かせてやる。ランナー側にしても、差し迫った場面で危険な走塁は自重するはずだ。

ここまで細かい状況を設定しても、取り越し苦労に終わることは目に見えている。だから、私がコーチになって、この練習はスパッと廃止にしたのだった。

若手と主力への指摘の違い

先ほど述べたように、私はエラーした結果に対して選手を怒ったことはない。選手だってミスをしたくてしているわけではないことは、私だってよく理解できる。ミスをしたら練習するしかない。それは本人が誰よりもわかっていて、ことさら他人に言われるべきことではないのだ。

ただ、本人はできているつもりでも、実際にはできていないことがある。私が基本と考えているいくつかのポイントに対して、選手ができていなければコーチとして厳しく指摘してきた。巨人コーチ時代には岡本和真ともそんなことがあり、詳しくは後述するが、時には衝突したこともある（222ページ参照）。

若手に対してアドバイスすることはあっても、確固たるレギュラー選手になれば、コーチから言えることはほとんどなくなる。巨人で言えば、坂本がそうだった。

コーチの立場からすれば、レギュラーのエラーに対してはあきらめがつくものだ。力量を認められて毎日試合に出て、緊張感のある最前線で瞬時の判断力を磨いている。たとえミスしたとしても、「坂本がダメならしょうがない」と思える。

それは、中心打者に対しても同じことが言える。チャンスで凡退しても、「こいつなら仕方がない」と。それが「押しも押されもせぬレギュラーになる」ということだろう。

思えば、私も荒木雅博も20代なかばでレギュラーになり、最初はいろんな人に様々なことを言われてきた。その中で考え、成長することができたと思う。まだレギュラーをつかみきれていない、伸びしろのある人間にはアドバイスは必要だろう。

もはやなにも言うことがないレギュラーが1人でもいると、チーム内で若手にアドバイスを送ってくれるようになる。坂本などは、吉川尚輝が判断ミスをすると、コーチより先に助言を送ってくれていた。そんな選手がいると、コーチは非常にラクだ。

広島は、菊池涼介、田中広輔と、勝手がわかっているレギュラーが二遊間に揃《そろ》っているのだから、それは強いはずだ。そんなチームには、もはやコーチはいらなくなるのである。

映像を見せることが上達の近道

選手を指導するうえで、今はいい時代になったと実感することがある。それは文明の利器があることだ。とくにプレー動画を撮影することは有効だと感じる。

コーチが選手の動きについて「こうなっているぞ」といくら指摘しても、選手は「いやいや……」と信用しないもの。選手にはそれぞれ、自分の中で、「こう動けているはず」というイメージがあるからだ。

ただ、イメージと実際の動きにはギャップがあることが多い。それを指導者が口で説明しても、選手は半信半疑で納得してもらえない。もちろん、巨人で言えば、吉川尚輝のように素直に聞く耳を持った選手もいる。一方で技術に対して一家言《いっかげん》あり、自信を持っている選手だと、「自分はできている」とすっかり思い込んでいることがある。

しかし、実際にプレーしている映像を撮ってその場で見せてあげると、選手の反応は一気に良くなる。映像をもとに指摘すると、選手は「えっ！」という顔をし、イメージと実際の動きのギャップを実感してもらえるのだ。コーチに対して選手が「本当かよ?」と疑ってかかると、一向に前に進めない。だが、映像で自分が実際にどんな動きをしているかを知れば、話は早くなる。理解が進み、自分がうまくなっていく実感のある選手は、言葉をかけても反応が違う。岡本などとくにそうだったが、コーチの言葉に対する反応が明るいのだ。だから、練習はいい雰囲気になり、ますます上達が進む好循環が醸成される。

もし自分たちの現役時代にも、スマートフォンのように気軽に映像が撮れる利器があれば……と思うと、今の選手がうらやましくなる。

素人《しろうと》同然の岡本和真が「名手の卵」に成長した理由

巨人時代の教え子でとくに思い出深いのは、ここまでもたびたび例を挙げている岡本和真と吉川尚輝だ。とくに岡本は入団時が入団時だっただけに、感慨深いものがある。今や4番打者に定着した打撃だけでなく、いずれは守備でも名手と呼ばれる存在になれるはずだ。

智辯《ちべん》学園高校からドラフト1位で巨人に入団してきた15年。初めて岡本の守備を見たときは、本当にひどいものだった。

高校時代はおもにファーストで出ていたそうだが、素人《しろうと》同然だった。当時、私は現役最後の年で一緒にプレーしながら、「この選手、本当に大丈夫か？」と思った記憶がある。

いざ自分がコーチになって岡本を指導することになった際、不安しかなかった。どこから手をつければいいのか……という状態だったからだ。岡本にまず告げたのは、「守れないと、試合で使えないよ」ということ。いくら打撃が向上しても、当時の守備力では試合に出られるポジションがない。現状のままではダメだと徹底的に意識づけた。本人が必要性を感じて前向きに取り組まない限り、守備はうまくならないからだ。

コーチになってすぐの15年秋季キャンプでは、岡本にショートを練習させた。本書をここまで読み進めてくれた方なら狙いに気づいてもらえるだろうが、岡本には「歩くように捕る」という感覚を身につけてもらいたかったのだ。

岡本は、動きながら捕るという動作ができなかった。しかし、いくら守備がへたといっても、当時はまだ19歳と若く、ゼロから感覚を身につけられる可能性があると思った。

右足、左足、右足、左足……と順番を間違えないように足を運んで、動きながら捕り、動きながら投げる。イメージとしては、三遊間のゴロを捕った長嶋茂雄さんが、流れるような動きで一塁に送球するシーンだ。あの長嶋さんのようにスローイングをしたほうが、ラクだということを岡本に知ってもらいたかった。

指導する中で、岡本と何度か衝突することもあった。本人の中では「できているつもり」なのに、私からすればいつまでたっても変わらないように見えて、何度も同じことを指摘していた。岡本は私に、「やっているつもりなんです」と食ってかかってきた。だが、私は「やっているつもりでも、できていないのであれば、やっていないのと一緒だ」と伝えた。

さらに、岡本にはこんな話もした。

「一度馬鹿になったつもりで、180度やり方を変えて、『これでどうだ!』と思うくらい極端にやってみたらどうだ。やってみたら、お前はまた変わってくるんじゃないの?」

岡本は私に指摘され続けてきた「動きながらゴロを捕る」という課題に、大げさなアクションで取り組むようになった。すると、本人としてはわざと極端にやっているつもりなのに、結果的にそれがちょうど良くなった。そこで私の言っていたことに共感できるようになったに違いない。単調な練習だったが、岡本は数多くこなすうちに、動きがガラッと変わっていった。今までは「頭ではわかっているのに、体ができない」という感じで、苛《いら》立《だ》ちがあったのだろう。それが本当の意味で理解して、自分の体で表現できるようになってからは、明るい雰囲気で練習できるようになった。

そうなると、コミュニケーションが私からの一方通行ではなく、岡本からも会話してくるように変わってきた。お互いに会話できるということは、選手も「こういうことだ」とわかってきている証拠だと思う。だから、練習が終わっても、お互いに明るい。

そして、できるようになってからは一気にほめた。私にとっては非常に面倒くさい作業なのだが……、現代の選手はムチだけでは動かない。できもしないのにほめることはなかったが、できてくれれば一気にアメを与えた。それで岡本は、さらに前向きになれたようだ。

18年のキャンプでは、毎朝早出特守をして、打撃より守備にかける時間のほうが長かったくらいだ。その代わりキャンプが終わるころには、岡本に、「守備は仕上がったな。もうなにも言うことはない」と伝えられるくらい上達していた。今の気持ちとスタイルで1年間やってくれれば、どんどんうまくなるはずだと確信した。すると、岡本はその時点で1シーズン通して守ったことすらない選手なのに、その気になってくれた。

打撃面に関しては、本人がいつ、どこで手ごたえをつかんだかはわからない。だが、守備に自信が生まれた分、打撃に集中できた側面は間違いなくあっただろう。

私にとっては、いちばん成長を見てきた選手だし、「ここまで変わるのか」と教えられることも多かった。岡本が成長できた大きな要因は、変に聞きかじった知識がなかったことかもしれない。だから、貪欲《どんよく》に吸収してくれたし、身につくのも早かった。

著者が基本から教え込んだことにより、プロでも通用する守備力が身についた岡本和真。

ゆくゆくは岡本も、「名手」と呼ばれる領域に入っていけるはずだ。もともとスローイングはいいし、捕ることにかけてはすでにかなりのレベルにある。

あとは引退するまで、高い意識を持って継続できるかどうかだろう。「これでもう大丈夫」と安心して、守備中も打撃のことを考えてしまうような選手になってしまったら、進歩はない。打つときは打つ。守るときは守りのことしか考えない。そのスタイルを続けられれば、ゴールデングラブ賞に選ばれる可能性も十分だ。

その意味では、「常に大勢のファンやメディアに見られている」という巨人の環境は、プラスに働く。ほかのチームにいてエラーするのと、巨人でエラーするのとでは扱いが変わってくるからだ。その環境をいい意味で利用して、技術を追求していってもらいたい。

19年で、まだ23歳。大学を出て入団してきたルーキーたちと同じ年齢だ。素人同然だった男でも、今や同世代ではトップクラスに守備がうまい選手に成長してくれた。

無色の逸材・吉川尚輝は、いずれショートの名手に

吉川尚輝は岡本の2年遅れのドラフト1位として巨人に入団してきた。彼もまた、私にとって印象深い選手だ。岡本とは違って大卒（中京学院大学）でのプロ入りだったが、入

団時はあくまで「素材」の段階だった。

大学は自主性を重んじるチームだったらしく、良くも悪くも「なにも知らない」という印象だった。試合になれば、軽率なプレーであっさりとエラーを犯す。吉川のプレーを見て、コーチとしては、「しっかりしないといけないな……」と身が引き締まる思いがした。だが、岡本と同じく、変に型にはまっていないことが、かえって良かったのかもしれない。矯正《きょうせい》が難しいクセはなく、私が言うことをすべて吸収してくれる貪欲さがあった。理解力のある頭のいい選手だったから、反応も早かった。そしてなにより、身体能力は私の現役時よりはるかに優れていた。

コーチとしては、変に頭でっかちだったり自分の知識や技術に自信を持ったりしてプロに入る選手のほうが手を焼く。そういう選手に限って、動きにクセがあり、プライドが邪魔してアドバイスに聞く耳を持たない。だから、仕上がるまでに時間がかかることが多いのだ。

吉川のようにスピードがある選手は、動きが速いがゆえに「止まれない」「足の動きに腕がついてこない」といった弊害《へいがい》があることは先にも述べた（27ページ参照）。だから、基本を教えつつ、動きをある程度セーブするところから始めていった。

正面の打球など、吉川には「遊んでいるくらいでいい」と伝えた。追いつけるかどうかギリギリの打球なら目いっぱい追いかけていいが、吉川は全力でなくても追いつける打球でも100パーセントを出してしまう。そのときは、「出るな」と指摘した。本人からしてみれば、そんなことを言われたこともないだろうし、せっかくの走力が使えない……と感じていたはずだ。ただ、下半身の動きと上半身の動きが噛《か》み合わなければ、ミスにつながるのは間違いない。吉川の場合、足が速すぎるから上体の動きがついていけないのだ。

また、入団当時の吉川には、スローイングで引っかけるクセがあった。指先にボールがかかりすぎて、悪送球になってしまう。

「野球は股関節《こかんせつ》でやるもの」が私の考えだ。常に股関節の上に上体が乗っていれば、よけいな力が入らず、リラックスしてプレーできる。吉川は捕ってからスローイングに移る際、股関節から上体が外れることがあった。肩が強いから、股関節に乗っていなくても手だけで細工できてしまうのだ。この投げ方では球筋が安定せず、スローイングが乱れる原因になる。だから、まずは捕ってから投げるまでの流れを繰り返し練習して、引っかけるクセを取っていった。股関節、とくに軸足である右足に乗せることを意識づけた。吉川に伝えたのは、こんな感覚だ。

「ボールなんか2~3割の力加減で離していい。練習では山なりでいいし、一塁まで届けばいいから。すべて股関節に乗せること。右足で乗って、右足で投げるくらいの感覚を植えつけよう」

強い送球を投げようと思えば思うほど、腕に力が入ってしまうもの。だから最初は上体の力を極力抜いて、股関節に乗せる感覚を重視させたのだ。

とくにミスが多かったのは、セカンドとしてダブルプレーでサードやショートからの送球を二塁ベースで受けたあとのプレー。あわてて一塁に投げるから、股関節から上体が外れる。そのときも右足に1回乗せてから投げる動作に移らないと、いい送球にはならない。

こうした練習を重ねたことで、吉川の技術も劇的に向上していき、岡本同様に、「仕上がった」という実感が湧《わ》いてきた。ところが本人に伝えると、「本当ですか？」と、まだ信じきっていないようだった。私としてはもっと自分の守備に自信を持っていいと思うものの、疑り深いほうが二遊間の選手としてはいいのかもしれない。

今はセカンドを守っているが、ゆくゆくはショートを守るのがいいと思う。あのスピードを最大限に生かせるのはショートだろう。セカンドでは動きに制限が出てしまう。

坂本が年齢を重ねたころサードなど違うポジションに移り、吉川がショートにいくのが現実的ではないか。そのときに備えて、18年はセカンドとして試合に出ていても、ショートでのノックも受けさせていた。吉川には今後も両ポジションでの練習を続けてほしい。

岡本にしろ吉川にしろ、改めて大事だなと感じたのは「素材」だ。しっかり指導できるコーチがいるなら、色のついていない素材をプロに連れてきたほうが伸びる可能性がある。

プロで指導していると、「文武両道」を実践してきた選手ほど指導を吸収するのに時間がかかることを痛感する。勉強と同じようなアプローチで野球に取り組もうとして、かえって苦労しているように見えるのだ。

野球は生き物である。頭で考えることも大事なのだが、それ以上に対応力がものを言う部分がある。岡本や吉川はなにも知らない状態でプロに入ってきたが、思考に柔軟性があったから、時間はかからなかった。だから、ものすごい進化を見せてきたにもかかわらず、コーチとして「苦労した」という実感はないのだ。

イップスに陥《おちい》った選手への接し方

139~142ページでも触れたが、イップスに悩む選手や、自分がイップスになるかもしれないと不安を覚える選手は多い。本項では、そうした選手への指導者側の接し方をお伝えしたい。

プロの世界でもイップスの選手はいる。あの坂本勇人ですら、「今日はちょっと（スローイングの感覚が）ヤバいです」と言ってくる日がある。大ベテランの阿部慎之助にしても、そんな感覚を持っていたようだ。一軍レギュラークラスの選手では、誰もがイップスとわかるほど重症の選手はいなくても、紙一重の不安を抱える選手は多かった。私が知る限り、18年の巨人でスローイングに不安がなかったのは、岡本和真とケーシー・マギーくらいだ。

私と同時期に巨人に在籍した捕手の相川亮二《あいかわりょうじ》（現巨人バッテリーコーチ）と、よくこんな話をした。その日その日の体調によって、いつもの投げ方ができなくなる日がある。例えば、「今日は肩が重くて、いつものところまで上がらないな……」という日もある。そんな日に、「今日はこの投げ方だったら大丈夫だ」という投法をさがす（140ページ参照）。私も相川もそうやって、「その日限りのイップス」にならないよう工夫していた。

プロで長くプレーしている人なら、みんなそんな経験をして、対処法を持っているものだ。「常にこうやって投げるべき」と投げ方を限定しすぎると、かえって体に無理がきてイップスに陥《おちい》る危険があると思う。

それでは、イップスになってしまった選手に対して、指導者はどう対応するか。私なら、まず、「壁当て」に取り組ませる。よほど重症のイップスでない限り、壁当てなら誰でもできる。対人のキャッチボールでは投げ方を忘れてしまう人でも、壁当てをしているときはいい投げ方をするものだ。だから、まずは壁当てを繰り返して、体に安心感を植えつけるところから始める。そこで自信をつけて、徐々に対人に慣らしていく。

イップスはメンタルの問題で片づけられがちだが、私はそれですませたくない。技術的なアプローチでも改善の可能性があると考えている。壁当ての動きを継続して、再三強調するが、「歩くように投げる」。体を動かす順番を間違えなければ、スローイングは乱れないものだ。

二遊間への守備位置の指示は出さない

試合中、ベンチから守備陣に向けて、ポジショニングについて細かく指示が出ることがある。だが、私は戦略上の理由でファースト、サードを締める（一塁線、三塁線を抜かれて長打にならないよう、ライン寄りに守る）指示はしても、二遊間にポジショニングの指示を出したことは一度もない。

これは持論だが、「守っている者にしかわからない感性がある」ということ。ベンチから見ている人間が「こっちに飛びそう」と思う位置と、内野手が「こっちに飛びそう」と思う位置が違えば、正しいのは試合に出ている人間だ。たとえ引っ張る打球方向のデータが出ている打者でも、その日はバットの出方が遅れていると感じれば、データと逆方向に守ってもいい。私も現役時代にベンチからの指示と自分の考えが食い違うことがあり、ベンチの指示を無視したこともある。何回か従ってみたこともあったが、やはり自分の感じたとおりの打球が飛んできて、「ほれ見ろ」と思うことばかりだった。

ベンチから「ここを守れ」と指示が飛ぶ場合は、得てして完璧《かんぺき》なヒットコースを守らされることが多い。それだけその打者に恐怖感があり、警戒している裏返しでもあるのだが、私は疑問に感じる。そもそも、内野手は打ち取った打球をさばくのが仕事。ピッチャーが打たれる前提で守る位置を決めるのは、どうなのかと思う。

だから、自分がコーチになってからは、二遊間のポジショニングは一切選手に任せるようにした。その代わり、ただ漠然《ばくぜん》と同じ位置に守り続けないでほしいという要望も加えた。仮に予測が外れたとしても、また考えればいいだけのことなのだから。

正解はグラウンドにある。それは間違いないことだ。

「ファインプレーなんて恥ずかしい」という感覚

内野手が捕れるか捕れないか、ギリギリの位置にノックするのは意味がないと、214ページで述べた。だから私はノックの打球を飛びついて捕るような「ファインプレーの練習」もまったく意味がないと考えている。

そもそも、私は「ファインプレーなんて恥ずかしい」という感覚で守備についていた。どういうことかと言うと、私は飛びつかなければ捕れないような打球をいかにイージーに見せて捕るか……ということを追求していたのだ。

その日のピッチャーの調子と打者のバットの出方を正確に把握して、万全の準備をしておけば、大まかな打球方向は予測できる。さらに一歩目のスタート、打球までの入り方を突き詰めていけば、本来なら飛びつかないと捕れない打球を一連の流れの中で何事もなかったかのように処理できる。

ピッチャーにしてみれば、「ヒットにされた」と思った打球を内野手が難なくさばいてくれるのだから、「追いつける範囲はまだ広いのか」と安心感をいだく。そうすれば、ピッチャーはより思いきり腕を振って投げられるようなる。

打球によっては、足で追いつくより飛びついたほうが次の動作に移りやすいケースもある。だから、ダイビングするかどうかはケースバイケースだ。ただ、もし私がダイビングして、いかにも「ファインプレー」という感じの打球処理をしたら、たとえアウトにできても、うつむきながら自分のポジションに戻っていたはずである。ファインプレーのようにしかできなかった。簡単に見せられなかった……と自分を恥じていたことだろう。

私にとって、飛びつくのは最後の手段。足で捕りにいくか、やむをえずダイビングで捕りにいくか、次の投げる動作に移りやすい方法を選択する。その違いだけだ。お客さんに喜んでもらえたとしても、私は飛びつく＝ファインプレーとは考えていない。

選手とコーチの不思議な因果関係

当然と言えば当然で、不思議と言えば不思議なのだが、選手のプレーは担当コーチの現役時代に似てくると感じる。例えば阪神の鳥谷敬は、久慈照嘉さんがコーチに就任してから明らかに変わった。グラウンドでの動きにところどころ、久慈さんの影が見えるようになったのだ。

姿形は違っていても、影響を受けるものだなと感じる。例えば福岡ソフトバンクの今宮健太と、かつて同球団でコーチを務めていた鳥越裕介さん。１８９センチの長身である鳥越さんに対して今宮は１７２センチと、体のサイズがまるで違うものの、動きはどことなく似ていた。投げ方は個人によって感覚が違うので似てくることは少ないが、足さばき、グラブさばきのリズムや形は、教わったコーチの影響を受けやすいのだろう。

私も巨人で指導していたとき、吉川尚輝の動きなどが自分に似てきたように感じることがあった。

ファンにとってはそんな感覚でプロ野球を見ていると、技術の伝承を感じられて観戦がより一層面白くなるかもしれない。

第9章

世界で通用するための内野守備

～日本球界の発展へ向けて～

侍ジャパンに求める内野手像

ここからは、「世界で通用する内野手を育てるためにはどうすべきなのか？」という視点で、内野守備について考えていこう。

私は現在、日本代表「侍ジャパン」トップチームの内野守備・走塁コーチと同時に、侍ジャパン強化本部の編成戦略担当も務めている。19年2月には、NPB12球団の春季キャンプを視察し、代表候補選手の状態を見て回った。私自身も、13年のWBCを選手として経験している。その実感に基づき、侍ジャパンにふさわしい内野手像について考えてみたい。

究極の理想を言えば、打てて守れる選手を9人集めるのが手っ取り早い。だが、実際に国際大会となると、レベル差が明らかな相手ならともかく、強豪国と言われるチームが相手の場合、打線が大噴火することは見込めない。

17年のWBC準決勝のアメリカ戦では、日本はわずか4安打1得点に抑えられて敗退している。初見のメジャーリーガーの好投手を攻略するのはなかなか困難だ。一方、この試合では守備の乱れから2失点。1つはセカンド・菊池涼介のエラーがきっかけ。もう1つは、8回一死二、三塁の場面でサード・松田宣浩がゴロをファンブルした。このアメリカ戦に象徴されるように、好投手に対して大量得点が見込めない国際大会では、相手に簡単に点を与えないことも重要。だからこそ、前回大会の反省も踏まえて守備を軽視できない。

私が現役を引退し、コーチに就任してから常に言い続けていることがある。

「近年の野球は打撃面ばかりが取り沙汰《ざた》されているが、内野手である以上、守備は大事だ。1つのエラーをきっかけに、何点も取られる恐れもあるのだ」

もちろんガチガチに緊張してプレーする必要はないが、選手だけでなく、球界全体で今一度、守備の重要度を再認識してもらいたいと思っている。国際大会の守備のミスがきっかけになって結果が出せなかったばかりか、中には選手生命に影響が出る選手だっているのだ。

内野手は自分のプレーだけでなく、バッテリーや外野手との連係プレーでも確実性が求められる。現段階で、侍ジャパンの外野手の軸は、柳田悠岐《やなぎたゆうき》(福岡ソフトバンク)になりそうな気配がある。外野手の中にはカットマンを介さずに自分1人で投げるのを好む「投げたがり」がいるが(112ページ参照)、柳田はどちらかというとその部類。投げたがりが奏功《そうこう》するケースもあれば、裏目に出ることもある。投げる本人の判断は大事だが、内野手と外野手がうまくコミュニケーションをとって状況に応じた連係ができないと命取りになる。

ノーバウンドでバックホームしたほうが確実に刺せる場面なのに、送球が低かったらアウトにできない。また、無理する場面ではないのに、1人で投げて打者走者を進塁させてしまったら、ピンチをさらに広げてしまう。一発勝負でこの判断を間違えれば致命傷になる。

17年日本シリーズの福岡ソフトバンク対横浜DeNAの第6戦では、ソフトバンクがサヨナラ勝ちで日本一を決めた。サヨナラの場面、DeNAは前進守備を敷いていたにもかかわらず、外野からのバックホームが捕手の手前で大きく弾《はず》んで後ろにそれた。1点でも許せばそこで試合終了となるだけに、送球した外野手は捕手が確実に捕球しやすいノーバウンドで投げるべきだった。この試合は人工芝の福岡ヤフオク!ドームだったが、国際大会ともなれば初めて試合をする天然芝の球場もあり、なおさら判断が難しくなる。だからこそ、内野手・外野手のあいだで密なコミュニケーションがとれていないといけないのだ。

20年には東京オリンピック、翌21年には次のWBCも控えている。侍ジャパンに選ばれる内野手は、名実ともに日本を代表するプレーヤーであってほしい。だからこそ、シーズン中から高い緊張感を持って試合や練習に取り組んでもらえたらうれしい。

ユーティリティな人材の貴重さ

国際大会では、あらかじめ登録メンバーの定員が決まっている。制約がある中で重宝されるのは、どこでも守れるユーティリティプレーヤーだ。

ＷＢＣの場合、従来どおりの規定なら登録メンバーは28人。投手だけで13～14人は必要で、捕手は3人。となると内野手は6～7人、外野手は5～6人が相場になる。

野手はただでさえ枠《わく》が少ないため、複数のポジションをこなせる選手がいれば、安心感が増す。その意味で注目しているのは、外崎修汰《とのさきしゅうた》（埼玉西武）だ。18年は9月に入って背中の張りで戦線離脱しながら、打率2割8分7厘、18本塁打、25盗塁を記録した、俊足強打の伸び盛りの選手。それと同時に、セカンド、サード、レフト、ライトと、どこでもソツなくこなせるのは貴重だ。

仮に誰かがケガをすれば、その穴を埋《う》めてくれるだけの安心感がある。実際に西武でも外崎がいるから、様々なパターンのオーダーが組める。首脳陣にはありがたい存在だ。

意外と少ないのは、二遊間をどちらも守れる選手。今はショートならショートだけ、セカンドならセカンドだけしか守れない選手が多いのだ。

強《し》いて挙げれば、大和（横浜ＤｅＮＡ）くらいのものだろう。とはいえ、年齢的に若い選手に台頭してもらいたいところ。そこで浮上してくるのは、巨人の吉川尚輝だ。吉川くらい若く、イキのいい選手が侍ジャパンに入り、レギュラーを狙《ねら》えるだけの存在になってくれたら、球界的にも活気が出てくるはず。侍ジャパンの稲葉篤紀監督も吉川には高い期待を寄せているだけに、急成長した姿を見せてほしい。

ファースト、サードの両サイドも、心配の種だ。実績と経験ならファーストは中田翔だが、18年に大ブレイクした山川穂高《ほたか》（埼玉西武）に、岡本和真もいる。

山川も岡本も代表選手としてはキャリアが浅い。それでも岡本は、今後サードとして数字を残せたら、有力なレギュラー候補になるだろう。サードは17年WBC代表の松田宣浩がいるものの、30代後半へと足を踏み入れている。

両サイドがやや手薄なだけに、その部分を厚めに招集する可能性はある。だからこそよけいに、二遊間をどちらも守れる選手が欲しいのだ。

個人的には、ショートを高いレベルでこなせる選手ならセカンドも順応できるだろうと思う。ただ、そういう選手は得てしてショートしかやってきておらず、セカンドとしてぶっつけ本番で出場するのが不安……というケースが多いように感じる。

「日本人内野手はメジャーで通用しない説」は本当か？

近年はよく、「日本人内野手はメジャーリーグで通用しない」と言われる。

私と同い年の松井稼頭央をはじめ、数々の日本人内野手がメジャーリーグに進んだが、その多くは守備面で壁にぶつかった。その原因はどこにあるのか。

環境とフィジカルの違いが盛んに語られるが、はたしてそれだけだろうか。日本は人工芝の球場中心で、アメリカは天然芝の球場中心。また、地肩やリストの強さが日本人と外国人ではケタ違い。そんな要因がよく語られている。

だが、私が感じるのは、捕球時の「準備」の違いだ。日本人内野手は、平均して準備が遅い。メジャーの内野手は早い段階で捕球態勢に入り、打球を待ち構えている。日本のように打球に対して前に突っ込んでくる選手は、ほとんど見ない。デレク・ジーター（元ニューヨーク・ヤンキース）など、芝生と土のアンツーカーの境目に守り、そこから一歩も出てこないことだってあった。ほかにもメジャーの内野手は、前に出てくるイメージがない。早く捕球態勢に入っている。さらに正面のゴロが飛んできたら、股《また》をしっかりと割って捕る。

天然芝のグラウンドだと、打球が芝生からアンツーカーに入ってくると、急に速度が増してくる。日本人特有の前に出る捕り方では、準備が遅いから打球に差し込まれる感覚になるはずだ。人工芝ではイレギュラーが少ないから、たとえ準備が遅くてもなんとか捕れてしまう。そのあたりは人工芝に慣れた弊害《へいがい》と言えるかもしれない。

日本人内野手の身体能力、技術は外国人内野手に比べて劣っているとは思わない。むしろ細かい動きは、日本人のほうが優れている。やり方さえ間違えなければ、日本人のほうがうまくなると思う。ただ、地肩の強さの差はある。だからこそ外国人選手は前に出てくる必要がないのだろう。打球を捕ってしまえば、あとは強肩を生かして投げればいいからだ。とはいえ、日本人内野手が考えるべきことは肩を強くすることではない。力強い送球動作に移りやすい捕り方を追求することだ。

その点でも、外国人内野手は、「この打球なら、この捕り方のほうがスローイング動作に移りやすい」というバリエーションを把握《はあく》している。一方で日本人内野手は、どんな打球に対しても正面（旧来の意味合い）に入るクセがついてしまっている。逆シングルで捕ったほうが投げやすい場合でも、無理やり正面に入ろうとしてしまう選手が多い。

そして、もう1つ。「日本人内野手は逆シングルが苦手」と言われる。ただし、これも筋力や体質の問題ではない。逆シングルのポイントはグラブだと思われがちだが、実際は足さばき。日本人だろうと、足さばきができれば、逆シングルでも捕れるようになる。

日本人内野手が陥《おちい》りがちなのは、グラブだけで捕りにいくこと。グラブだけで打球を追うと、私が基本と考え、本書でも唱えている「ヘソの前（＝本当の意味での正面）」から、グラブが外れる。逆シングルに慣れていない選手は打球を見た瞬間に「逆シングルでいこう」と思うあまり、意識がグラブ側の腕にいって、足が止まる。足が動かないから腕だけで捕りにいき、捕球が安定しないうえに送球まで不安定になる悪循環。ショートが三遊間の打球でこの捕り方をしようと思ったら、腕が視界を邪魔してボールが見えにくくなる。

逆シングルでも安定して捕るために、ヘソの前に打球が来る位置まで足を使う。そうすれば、スローイング動作に移りやすい逆シングルが完成する。

私もよく好んで使っていた技術なので、ぜひ試してみてほしい。

外国人内野手のスローイング

日本には様々なタイプの外国人選手がやってくる。

中日は監督、ヘッドコーチなどを務めた森繁和さん（元西武、元中日監督、現中日シニアディレクター）がドミニカ共和国に太いパイプを持っていたから、多くのドミニカ人選手が来日した。ドミニカ人内野手は、独特のリズムでゴロをさばくイメージが強く、プレーが軽く感じた人もいるかもしれない。だが、送球の際のボールの回転は、意外にも素直だった。

13年から3年間中日に所属（16年は広島に在籍）したエクトル・ルナは典型的なスリークォーターの腕の振りで、わずかにシュートする球筋だった。捕球エラーこそ多かったものの、送球はまずまず安定していた。感覚的には日本人よりも外国人のほうが繊細という印象もあった。たとえ投げ方は不格好でも、スローイングが悪いという選手は少なかった。

ドミニカ人以外では、17年から巨人に2年間所属したケーシー・マギーの送球は非常に捕りやすかった。回転がきれいで、球筋がブレない優しいボール。球威があるというよりも、どこまでも伸びていきそうな、スーッと息の長いボール。もし素手で捕っても、それほど痛みがなさそうに見えるのが不思議だった。

マギーはおもにファーストとサードをこなせたが、岡本にファーストとして野球を勉強させたい事情もあり、マギーにはサードを守ってもらった。ファーストとしては体を伸ばして捕れない面があり、サードとして持ち前のスローイングを生かせるメリットもあった。捕ってくれさえすれば、送球は安定しているから安心できた。機敏に動けたわけではないが、決して守備の評価は低くない。素晴らしいスローイングでチームに貢献してくれた。

国際大会の野球場と独特の雰囲気

国際大会のように独特の緊迫感のある試合では、ミスをしたほうが負けだ。

先にも触れたように、日本の守備が他国に比べて劣っているとは感じていない。あとは、環境面にいかに適応できるか。とくにアメリカの天然芝のグラウンドに慣れる必要がある。

日本の球場は人工芝中心ながら、広島のマツダスタジアムなど天然芝のグラウンドもないことはない。だが、アメリカの天然芝に比べると、性質が違うなと感じる。

私は13年のWBCでサンフランシスコのAT&Tパーク（現オラクル・パーク）を経験したが、「マツダスタジアムより、よっぽど守りやすい」という印象をいだいた。天然芝ではあるが、あまりイレギュラーせず、打球がサーッと走っていく感覚があった。

ただし、私が守ったのはあくまで練習中。試合はDH（指名打者）だったため、実戦では守っていない。練習で経験しても、実戦には実戦の独特な感覚がある。こればかりは味わった者にしかわからないので、練習だけではどうしようもない部分はある。私もDH以外で内野手としても実際にアメリカのグラウンドに立ってみたかった。今後、侍ジャパンの内野手は、そういった独特な雰囲気を肌で感じて、すぐに適応できるかどうかがカギを握るだろう。

ただ、地方球場を含めると日本の天然芝のグラウンドのほうが地面はガタガタしているし、打球が死にやすい。アメリカの天然芝はあまり打球が死なず、さらにアンツーカーに入るとスピードが一段と増すような感覚があるので、注意が必要だ。だからこそ、早めに捕球態勢に入れるよう準備することが大切である。

こういった情報を事前に集め、チーム内で共有していくことも準備の1つになる。

日本のプロ野球でずっと、エラーしてはいけないと思いながらプレーしていたものの、国際大会で勝ち上がっていく中では独特のプレッシャーがかかるはずだ。ベンチから見ていても、球場1つでまったく雰囲気が違うという実感があった。いかに緊張感を持って普段のシーズンを過ごしていても、国際大会はまるで異空間だ。そういった雰囲気でも実力を発揮できる選手こそ、侍ジャパンのユニフォームを着るにふさわしい。

未来へ向けて、少年野球で教えるべきことは「前に出ない勇気」

本書の読者の中には、少年野球の指導者も多いだろう。いつか国際舞台に立つかもしれない未来ある子どもたちのために、ぜひ教えてもらいたいことがある。そして、子どもたちにも、ぜひ知っておいてほしいことがある。それは「前に出ない勇気」だ。

78ページで触れたように、野球を本格的に始める前の子どもは、ゴロを転がすと自分の近くまでボールが来るのを待ってグラブに入れるものだ。

ボールを待って、捕る。そんな捕り方を見た少年野球の指導者の多くは、判で押したように「前に出ろ！」と指導してしまうだろう。だが、私は「待って捕る」ことが捕球の基本だと考えている。まずは待って捕るスタイルを崩《くず》さずに、一歩も動かずに100発100中捕れるようになるまで練習すればいい。完璧《かんぺき》に捕れるようになったら、次は一歩前に出て捕れるよう訓練する。それができたら、2歩前、3歩前……と少しずつ出るようにすればいい。少年野球を見ていると、「プロでもそこまで出ない」と思うほど前に出るよう

学童野球大会の主催や野球教室への参加など、若い世代へのサポートにも積極的な著者。

指導されている。だが、子どもたちは「前に出ろ」と言われれば、「捕る」ことよりも「出る」ことに集中してしまう。それでは本末転倒だ。

まずは捕ることに集中させて、捕れるようになったら投げることにつなげていく。遠回りに思えるかもしれないが、実際にはそのほうがスムーズにうまくなれる。

少年野球とはいえ、指導者として勝ちたい思いはよくわかる。勝つことで選手は自信をつけていくものだとも思う。だが、勝ちたいあまり、急いで順番を間違えてはいけない。

まずは「出る」よりも「捕る」ことが先だ。たとえ少年野球でアウトにできなくても、中学野球でアウトにできればいい。そのくらいの余裕を持ったほうが、かえって早く上達するものだ。「急がば回れ」の精神で、まずは「前に出ない勇気」を教えてもらいたい。

岡本や吉川尚輝だって、「そこから一歩も出るな」というところからスタートした。吉川なんて、最初は前に出たくて出たくてしょうがない様子だった。

だが、その我慢している時間に早めの準備ができる。余裕を持ってバウンドを合わせて、捕ってから投げるまでのイメージを固めることができる。

ほかにも、これまでに述べた「正面で捕れ」の真の定義や、「ギリギリの位置を狙《ねら》うノック」の無意味さなど、ジュニア世代の指導者に知っておいてもらいたいことはたくさんある。口幅《くちはば》ったいことを言うようだが、少年野球の指導者の方々には、ぜひ本書を読み込んで、将来ある子どもたちの育成に役立ててもらいたい。少年時に基本を学ぶことができれば、日本の内野守備のレベルは間違いなく底上げできるはずだ。

草野球で名内野手になる第一歩は、「なりきること」

自身も草野球でプレーし、本書から内野守備上達のヒントを学ぼうとしてくれている読者もいることだろう。少しでもうまくなりたいという気持ちは、世界的選手だろうと草野球選手だろうと同じはずだ。また、とりあえず格好いいプレーを決めて、まわりの草野球仲間から一目《いちもく》置かれたいという人もいるに違いない。そうした軽く楽しむのが目的であってもプレー人口が増えるだけで、日本の野球の底上げにつながっていくとも思っている。

そこで本文の締めとして、草野球プレーヤーの方々へ向けてレクチャーしたい。

少年野球指導者に向けては「急がば回れ」という内容をお伝えしたが、基本的に余暇《よか》を楽しむ草野球プレーヤーにとっては、「内野守備の基本を叩《たた》き込む」ということは物理的に不可能な人がほとんどだろう。

そんな草野球プレーヤーにおすすめしたいのは、「なりきること」。たとえ技術は及ばなくても、自分の中で「こんなプレーをしたい」という具体的な選手像があるはずだ。

まずはプロ野球中継や動画サイトなどを駆使して、その選手の動きをじっくりと見てイメージを膨《ふく》らませておく。そして、たまの草野球で試合に出れば、その選手になりきる。例えば、広島・菊池涼介のアクロバティックなプレー、阪神・鳥谷敬の堅実なフィールディングなどなど。いかにも都合のいい横着《おうちゃく》のように感じるかもしれないが、なりきることは成長するためのいちばんの近道だ。「こう動きたい」という選手の映像を頭に入れて、実際に打球が来たら、そのとおりに動く。私もショートに転向したばかりの高校時代は、よくなりきって、いろんな動きを試していたものだ。

これはなにも守備だけのことではない。打撃だって名打者になりきってフォームをコピーすれば、体の使い方を体感できる。イメージどおりに体が動かなかったり、思ったより感覚が合わなくても、なりきったことは無駄にはならない。コツをつかむヒントになるはずだ。

小学生、中学生にもイマジネーションは大事なことだが、いきなり名選手の模倣《もほう》ばかりをしてしまうと、私が再三にわたって伝えてきた「基本」がなおざりになりかねない。これはあくまでも、毎日練習することが難しい草野球プレーヤー向けのアドバイスだ。

名プレーヤーになりきって、存分に野球を楽しむ。そこで味わった野球の楽しさを、次の世代へとつなげていってほしい。

特別対談

後編

鳥谷 敬 × 井端弘和

Takashi Toritani / Hirokazu Ibata

達人２人で選定！
守備の内野オールスター

2人が守備で選ぶ「内野オールスター」ファースト&セカンド編

「阪神でチームメイトだった新井さんもうまかったんですよ」▲鳥谷

「セカンドは荒木を挙げておかないと、怒られそうな……（笑）」▲井端

井端　最後に、ちょっとしたお楽しみ企画として、「井端&鳥谷が選ぶ内野4ポジションの守備オールスター」のようなものを考えてみたいと思う。現役、OBは問わないという条件で。ただ、かなり昔の方々は対象から外させていただいて、いちおう自分たちが一緒にプレーしてきた世代の選手ということにしようか。

鳥谷　バッティングや走塁能力などの要素を抜きにして、内野守備だけを考えて選んでいけばいいんですよね？　そうなるとファーストなんて、めちゃくちゃ難しいですね。打つ人ばかりだから。

井端　元巨人の駒田徳広さんは俺が入団したときにまだ横浜で現役だったけど、捕るというより、拾ってさばく感じ。ショートバウンドの送球をさばくのが抜群にうまかった。体も大きいし、内野手はすごく投げやすいんだろうなと思った。

鳥谷　中日時代の渡邉博幸さんはどうでしたか？

井端　ナベさん？　すごくラクだった。（タイロン・）ウッズの守備固めで出てくれるから、それまでとの落差が激しくて（笑）。阪神にいた（アンディ・）シーツなんか、もともとはショートを守っていたし、うまかったんじゃない？

鳥谷　うまかったですよ。あ、でも意外と、阪神で一時チームメイトだった新井貴浩さんもうまかったんですよ。サードとしては、ちょっと……でしたけど（笑）。

井端　08年にファーストでゴールデングラブ賞も獲《と》っているしね。あとは小笠原道大《みちひろ》さん（元北海道日本ハム・巨人・中日、現中日二軍監督）とか？　日本ハム時代のうまかったイメージが残っているな。あとは、千葉ロッテの福浦和也、日本ハムの中田翔、横浜DeNAの（ホセ・）ロペスあたりか。

鳥谷　けっこういますね。

井端　この中から1人選ぶとしたら……。

鳥谷　新井さんじゃないですか（笑）。

井端　じゃあ、新井でいくか。広島に戻ってからはチームのまとめ役でもあったし、ファーストもしっかり守ってリーグ3連覇に貢献したからね。そういう選手がグラウンドにいると心強い。次、セカンドは？

鳥谷　やっぱり、広島の菊池涼介じゃないですか？

井端　俺は荒木を挙げておかないと、怒られそうな……（笑）。まあでも、菊池でいいんじゃないかな。あれだけポジショニングが深いのに、横の打球だけじゃなくて前後の打球にも強いセカンドは今までいなかったと思う。体勢が崩《くず》れてもスローイングは乱れないし、グラブトスもうまい。

鳥谷　荒木さんか、菊池ですよね。あとは誰がいますかね。

井端　東京ヤクルトの山田哲人なんか、無駄なことをしないセカンドだよね。捕れる範囲を堅実に守っているのはいいと思うけどね。あと、さばきに関しては、東北楽天の藤田一也も超一級品だと思うな。

鳥谷　現役以外ではどうですか？

井端　個人的には中学時代から憧《あこが》れていた井口資仁さんも思い入れが強いけどね。まあ、当時はショートだったけど。同じように立浪和義さんもセカンドをやっていたけど、やっぱりPL学園時代のショートのイメージが強い。

鳥谷　自分は、ほかにはあまり浮かばないですね。やっぱり、荒木さんか菊池か……。

井端　いや、菊池でいいよ。

鳥谷　大丈夫ですか？（笑）

井端　うん、菊池にしよう！（笑）。

4ポジションすべてで、意外な名前も含めて候補が多く挙がり、選手選考は混迷を極めた。

2人が守備で選ぶ「内野オールスター」サード&ショート編

「中村ノリさんのグラブさばきの柔らかさは絶品だった」▲井端
×
「見栄《みば》えが良くてミスが少なかったというと、やっぱり小坂さんかなと」▲鳥谷

井端 サードはどう?

鳥谷 うーん……、岩村明憲《あきのり》さん(元東京ヤクルト、東北楽天など。現在は、BCリーグの福島レッドホープス監督)なんかうまかったですよね。

井端 うまかったね。

鳥谷 宮本慎也さんのサードもうまかったけど、やっぱりショートとしてのイメージなんですよね。

井端 それはわかる。あとは……、やっぱり、中日で一緒にプレーしたこともある中村紀洋さんかなぁ。グラブさばきの柔らかさは絶品だったから。森野将彦も、ある年に急成長したのが印象深い。そう言えば、阪神のチームメイトの大山悠輔はどう?

鳥谷 うまいですよ。肩も強いですし。でも、サード全体の1位というと、まだまだかなと。

井端 彼の1年目(17年)のキャンプ前とキャンプ後を見比べてみて、「こんなにうまく

なるものなのか」と驚いたよ。U－25内野オールスターのサードなら大山でもいいかと思うけどね（笑）。まあ、サード全体の1位ということならば、やはりノリさんにしよう。

鳥谷　ぼくも賛成です。最後にショートですね。でも、ここはオールスター候補がいっぱいいますよね（笑）。

井端　トリは誰かいる？

鳥谷　自分は意外に、と言うとあれですけど……小坂誠さんとか。

井端　なるほど。俺は、言い方に語弊《ごへい》があるかもしれないけど、相手にしていなかった。それは、すごすぎて自分には絶対にマネできないと思っていたから。小坂さんを目指してしまうと、違う方向に行ってしまう。だから、わざと自分の意識の外にどかしていたところがある（笑）。

鳥谷　別の世界の人というか。

井端　もう、小坂さんでいいんじゃないかな。いや、だって、めちゃくちゃうまかったからね。

鳥谷　当然、井端さんや宮本さんも候補に入ってきますよね。

井端　トリの名前も挙げないとな。ただ、俺、宮本さんやトリとかは、エラーしないことが大前提という堅実タイプ。小坂さんのような華《はな》のあるタイプと比べると、見栄《みば》えしないと思われていたんじゃないかな。

鳥谷　魅《み》せるとなると、小坂さんとか、松井稼頭央さんとかですよね。

井端　あとは、石井琢朗さんも魅せるタイプ。だから、自分らのような堅実派と、小坂さんたちのような派手派に分かれちゃう。川相昌弘さんはこっち側（堅実派）、池山隆寛《たかひろ》さん（元ヤクルト）や立浪和義さんはあっち側（派手派）だからね。

鳥谷　能力が高くて見栄えのいい選手と、堅実で年間通してしっかり守れる選手とで分かれますよね。見栄えが良くて、かつミスが少なかったという選手では、やっぱり小坂さんかなと。

井端　見栄えがいいタイプの人は、能力が落ちたら怖《こわ》いよね。

鳥谷　そうですね。今までも、年齢が30代に入って衰えが目立つようになった選手はいましたからね。

井端　まあ、小坂さんを選ぶのは出来レースっぽくなくて、いいんじゃないかな。ただ、語れと言われても、タイプが違うから語れないけど（笑）。そもそもカテゴリーが違うと思っていたから。

鳥谷　でも、巨人で一緒にコーチをなさっていましたよね？

井端　話してみたら、考え方は一緒だったのよ。さばきにしても、体の動かし方にしても、小坂さんも、「一緒だよ」と言うんだ。でも、こっちは考えて意識してようやくできるようになったのに、小坂さんは昔から当たり前のようにできていたんだと思う。それと、同

千葉ロッテ時代にゴールデングラブ賞を4回獲得し、巨人などでもプレーした小坂誠さん。

じ「できる」と言っても、小坂さんクラスはもう一段、二段磨きをかけているのかなと。

鳥谷　こっちから見ると、同じ感じはしないんですよね。

井端　そう、感じない。でもまあ、ショートは小坂さんで決まりということでいいね。まとめると、ファーストは新井貴浩、セカンドは菊池涼介、サードは中村紀洋さん、ショートは小坂誠さんと。

鳥谷　すごいメンバーですね。

井端　ほんと。今日は、対談を受けてくれて、どうもありがとう！

鳥谷　こちらこそ、お話を聞けて良かったです。ありがとうございました！

井端　ショート再挑戦を応援しているよ！

井端弘和・鳥谷 敬が選ぶ「内野4ポジションの守備オールスター」

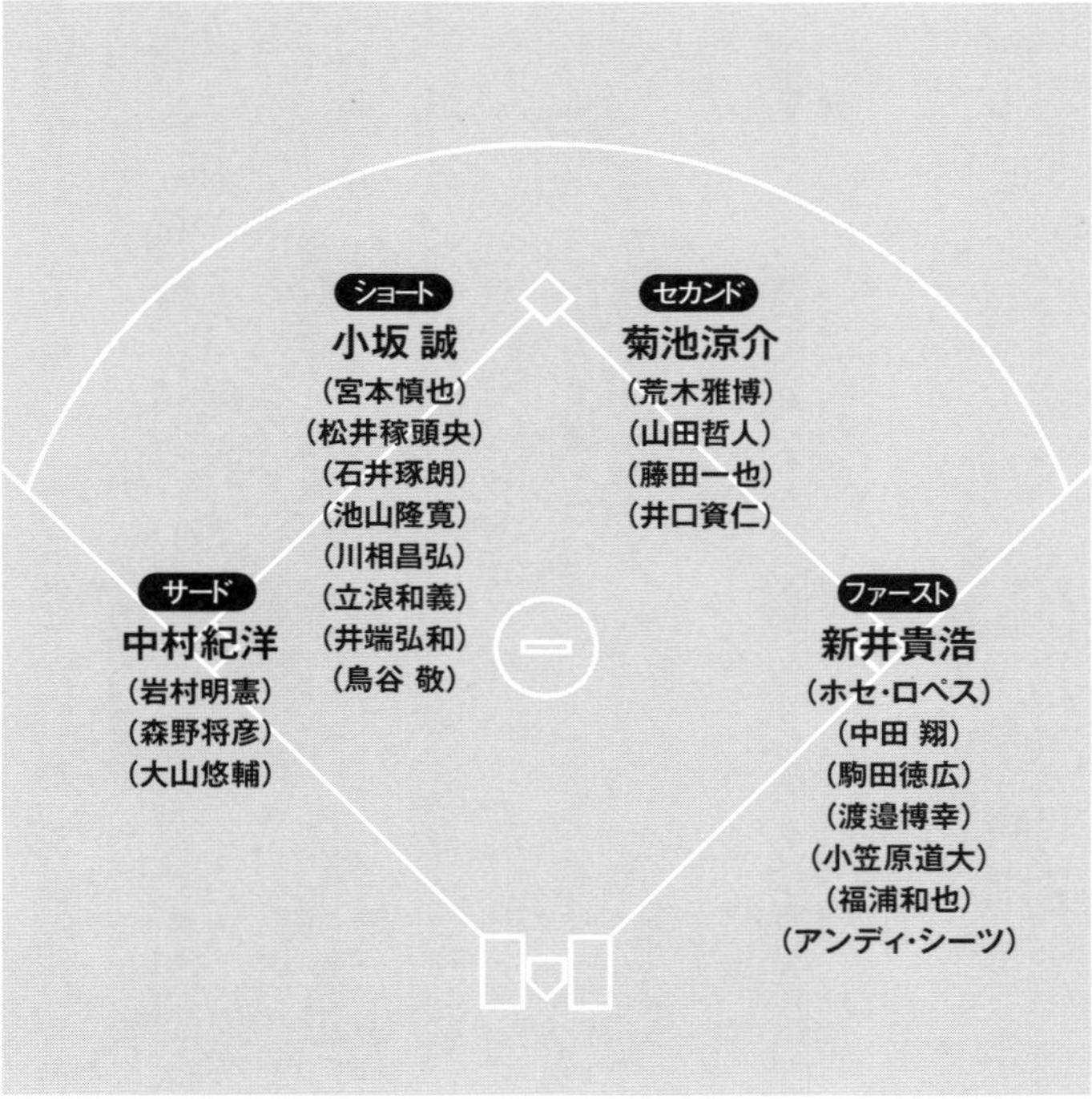

4ポジションとも守備に関して言うことないメンバー。そのうえで、ほかの選手にはマネできない「内野守備のオリジナリティ」を持つ名手が選ばれる結果となった。（ ）内は次点。

おわりに

「日本の内野手はメジャーで通用しない」

近年はメジャーリーグで成功する日本人内野手がいないことから、そんな言説を見ることが多くなったように感じる。

だが、本書をここまで読み進めてくれた読者なら、そんなことはないと理解してもらえるだろう。通用するだけの高い技術を備えた内野手は少なくない。確かにパワーは外国人には見劣るが、細かいプレーはむしろ日本人のほうが得意なのだから。通用しないとあきらめるのではなく、通用するだけの土壌を作っていくべきなのだ。そのためには、日本の少年野球からプロまで、一般的に「基本」として広まっている守備理論を、いったんリセットする必要がある。

私は、高校1年生から本格的に内野手を始めた。より早く上達するにはどうすればいいか、自分がやりやすい動きはどういうものか。そんなことを考えながら、あれこれと試行錯誤したことが、結果的に良かったのかなと思う。

素直に人の助言に耳を傾ける姿勢も大切だが、時には世の中に存在する常識、定説を疑ってみることも忘れないでほしい。

私は、日本の内野守備のレベルはまだまだ底上げできると考えている。それが実現することによって野球観が磨かれて、相乗効果として各選手の打撃も向上し、チーム力の前進も見込める。その集大成として、日本野球界全体の強化につながっていくのではないだろうか。本書がその一助になれば幸いだ。

この本を制作するにあたり、多くの方々の協力をいただいた。とくに忙しい合間《あいま》を縫《ぬ》って対談に協力してくれた鳥谷敬選手に、改めて感謝を申し上げたい。

対談を終えたあと、本書制作スタッフから、「驚くほど井端さんの考えとリンクする内容ばかりでしたね」と言われたが、別に事前に打ち合わせをしたわけではない。結局のところ、本質を突き詰めていけば、行き着く場所は一緒なのかなと思う。鳥谷と初めて内野守備論を交《か》わしてみて、改めてこれまで考え実践してきた自分の理論に確信を持つことができた。

また、廣済堂出版、編集スタッフには多大な協力をいただいた。そして最後まで本書にお付き合いいただいた読者に、厚く御礼を申し上げる。

２０１９年７月

井端弘和

セ・リーグ内野手部門 ゴールデングラブ賞&ベストナイン歴代受賞者一覧

二塁手		一塁手		年度
ベストナイン	ゴールデングラブ賞	ベストナイン	ゴールデングラブ賞	
シピン(大洋)①	シピン(大洋)①	王貞治(巨人)⑪	王貞治(巨人)①	1972
シピン(大洋)②	シピン(大洋)②	王貞治(巨人)⑫	王貞治(巨人)②	1973
高木守道(中日)⑥	高木守道(中日)①	王貞治(巨人)⑬	王貞治(巨人)③	1974
大下剛史(広島)①	大下剛史(広島)①	王貞治(巨人)⑭	王貞治(巨人)④	1975
ジョンソン(巨人)①	ジョンソン(巨人)①	王貞治(巨人)⑮	王貞治(巨人)⑤	1976
高木守道(中日)⑦	高木守道(中日)②	王貞治(巨人)⑯	王貞治(巨人)⑥	1977
ヒルトン(ヤクルト)①	土井正三(巨人)①	王貞治(巨人)⑰	王貞治(巨人)⑦	1978
ミヤーン(大洋)①	高木守道(中日)③	王貞治(巨人)⑱	王貞治(巨人)⑧	1979
基満男(大洋)①	基満男(大洋)①	谷沢健一(中日)①	王貞治(巨人)⑨	1980
篠塚利夫(巨人)①	篠塚利夫(巨人)①	藤田平(阪神)①	藤田平(阪神)①	1981
篠塚利夫(巨人)②	篠塚利夫(巨人)②	谷沢健一(中日)②	中畑清(巨人)①	1982
真弓明信(阪神)①	高木豊(大洋)①	谷沢健一(中日)③	中畑清(巨人)②	1983
篠塚利夫(巨人)③	篠塚利夫(巨人)③	谷沢健一(中日)④	中畑清(巨人)③	1984
岡田彰布(阪神)①	岡田彰布(阪神)①	バース(阪神)①	中畑清(巨人)④	1985
篠塚利夫(巨人)④	篠塚利夫(巨人)④	バース(阪神)②	中畑清(巨人)⑤	1986
篠塚利夫(巨人)⑤	正田耕三(広島)①	バース(阪神)③	中畑清(巨人)⑥	1987
正田耕三(広島)①	正田耕三(広島)②	落合博満(中日)①	中畑清(巨人)⑦	1988
正田耕三(広島)②	正田耕三(広島)③	パリッシュ(ヤクルト)①	駒田徳広(巨人)①	1989
高木豊(大洋)①	正田耕三(広島)④	落合博満(中日)②	駒田徳広(巨人)②	1990
高木豊(大洋)②	正田耕三(広島)⑤	落合博満(中日)③	駒田徳広(巨人)③	1991
和田豊(阪神)①	和田豊(阪神)①	パチョレック(阪神)①	パチョレック(阪神)①	1992
ローズ(横浜)①	和田豊(阪神)②	広沢克己(ヤクルト)①	駒田徳広(巨人)④	1993
和田豊(阪神)②	和田豊(阪神)③	大豊泰昭(中日)①	駒田徳広(横浜)⑤	1994
ローズ(横浜)②	立浪和義(中日)①	オマリー(ヤクルト)①	駒田徳広(横浜)⑥	1995
立浪和義(中日)①	立浪和義(中日)②	L《ルイス》・ロペス(広島)①	駒田徳広(横浜)⑦	1996
ローズ(横浜)③	立浪和義(中日)③	L《ルイス》・ロペス(広島)②	駒田徳広(横浜)⑧	1997
ローズ(横浜)④	ローズ(横浜)①	駒田徳広(横浜)①	駒田徳広(横浜)⑨	1998
ローズ(横浜)⑤	仁志敏久(巨人)①	ペタジーニ(ヤクルト)①	駒田徳広(横浜)⑩	1999
ローズ(横浜)⑥	仁志敏久(巨人)②	ペタジーニ(ヤクルト)②	ペタジーニ(ヤクルト)①	2000
ディアス(広島)①	仁志敏久(巨人)③	ペタジーニ(ヤクルト)③	ペタジーニ(ヤクルト)②	2001
今岡誠(阪神)①	仁志敏久(巨人)④	ペタジーニ(ヤクルト)④	ペタジーニ(ヤクルト)③	2002
今岡誠(阪神)②	今岡誠(阪神)①	アリアス(阪神)①	アリアス(阪神)①	2003
荒木雅博(中日)① ラロッカ(広島)①	荒木雅博(中日)①	T《タイロン》・ウッズ(横浜)①	渡邉博幸(中日)①	2004
荒木雅博(中日)②	荒木雅博(中日)②	新井貴浩(広島)①	シーツ(阪神)①	2005
荒木雅博(中日)③	荒木雅博(中日)③	T《タイロン》・ウッズ(中日)②	シーツ(阪神)②	2006
田中浩康(ヤクルト)①	荒木雅博(中日)④	T《タイロン》・ウッズ(中日)③	シーツ(阪神)③	2007
東出輝裕(広島)①	荒木雅博(中日)⑤	内川聖一(横浜)①	新井貴浩(阪神)① 栗原健太(広島)①	2008
東出輝裕(広島)②	荒木雅博(中日)⑥	ブランコ(中日)①	栗原健太(広島)②	2009
平野恵一(阪神)①	平野恵一(阪神)①	ブラゼル(阪神)①	該当者なし	2010
平野恵一(阪神)②	平野恵一(阪神)②	栗原健太(広島)①	栗原健太(広島)③	2011
田中浩康(ヤクルト)②	田中浩康(ヤクルト)①	ブランコ(中日)②	畠山和洋(ヤクルト)①	2012
西岡剛(阪神)①	菊池涼介(広島)①	ブランコ(DeNA)③	J《ホセ》・ロペス(巨人)①	2013
山田哲人(ヤクルト)①	菊池涼介(広島)②	M《マウロ》・ゴメス(阪神)①	森野将彦(中日)①	2014
山田哲人(ヤクルト)②	菊池涼介(広島)③	畠山和洋(ヤクルト)①	畠山和洋(ヤクルト)②	2015
山田哲人(ヤクルト)③	菊池涼介(広島)④	新井貴浩(広島)②	J《ホセ》・ロペス(DeNA)②	2016
菊池涼介(広島)①	菊池涼介(広島)⑤	J《ホセ》・ロペス(DeNA)①	J《ホセ》・ロペス(DeNA)③	2017
山田哲人(ヤクルト)④	菊池涼介(広島)⑥	ビシエド(中日)①	J《ホセ》・ロペス(DeNA)④	2018

*○囲みの数字は同一リーグ・同一ポジションでの受賞回数。1972～85年のゴールデングラブ賞は「ダイヤモンドグラブ賞」の名称。ベストナインは1972年以降の受賞者のみ掲載

三塁手		遊撃手	
ベストナイン	ゴールデングラブ賞	ベストナイン	ゴールデングラブ賞
長嶋茂雄(巨人)⑮	長嶋茂雄(巨人)①	三村敏之(広島)①	バート(中日)①
長嶋茂雄(巨人)⑯	長嶋茂雄(巨人)② ボイヤー(大洋)①	藤田平(阪神)⑤	藤田平(阪神)①
長嶋茂雄(巨人)⑰	ボイヤー(大洋)②	藤田平(阪神)⑥	河埜和正(巨人)①
衣笠祥雄(広島)①	島谷金二(中日)①	三村敏之(広島)②	藤田平(阪神)②
掛布雅之(阪神)①	高田繁(巨人)①	三村敏之(広島)③	山下大輔(大洋)①
掛布雅之(阪神)②	高田繁(巨人)②	河埜和正(巨人)①	山下大輔(大洋)②
掛布雅之(阪神)③	掛布雅之(阪神)①	高橋慶彦(広島)①	山下大輔(大洋)③
掛布雅之(阪神)④	掛布雅之(阪神)②	高橋慶彦(広島)②	山下大輔(大洋)④
衣笠祥雄(広島)②	衣笠祥雄(広島)①	高橋慶彦(広島)③	山下大輔(大洋)⑤
掛布雅之(阪神)⑤	掛布雅之(阪神)③	山下大輔(大洋)①	山下大輔(大洋)⑥
掛布雅之(阪神)⑥	掛布雅之(阪神)④	宇野勝(中日)①	山下大輔(大洋)⑦
原辰徳(巨人)①	掛布雅之(阪神)⑤	高橋慶彦(広島)④	山下大輔(大洋)⑧
衣笠祥雄(広島)③	衣笠祥雄(広島)②	宇野勝(中日)②	平田勝男(阪神)①
掛布雅之(阪神)⑦	掛布雅之(阪神)⑥	高木豊(大洋)①	平田勝男(阪神)②
レオン(ヤクルト)①	衣笠祥雄(広島)③	高橋慶彦(広島)⑤	平田勝男(阪神)③
原辰徳(巨人)②	原辰徳(巨人)①	宇野勝(中日)③	平田勝男(阪神)④
原辰徳(巨人)③	原辰徳(巨人)②	池山隆寛(ヤクルト)①	立浪和義(中日)①
落合博満(中日)①	ロードン(広島)①	池山隆寛(ヤクルト)②	川相昌弘(巨人)①
バンスロー(中日)①	岡崎郁(巨人)①	池山隆寛(ヤクルト)③	川相昌弘(巨人)②
山崎隆造(広島)①	角富士夫(ヤクルト)①	野村謙二郎(広島)①	川相昌弘(巨人)③
ハウエル(ヤクルト)①	オマリー(阪神)①	池山隆寛(ヤクルト)④	池山隆寛(ヤクルト)①
江藤智(広島)①	石井琢朗(横浜)①	池山隆寛(ヤクルト)⑤	川相昌弘(巨人)④
江藤智(広島)②	石井琢朗(横浜)②	川相昌弘(巨人)①	川相昌弘(巨人)⑤
江藤智(広島)③	石井琢朗(横浜)③	野村謙二郎(広島)②	野村謙二郎(広島)①
江藤智(広島)④	江藤智(広島)①	野村謙二郎(広島)③	川相昌弘(巨人)⑥
L《レオ》・ゴメス(中日)①	進藤達哉(横浜)①	石井琢朗(横浜)①	宮本慎也(ヤクルト)①
江藤智(広島)⑤	進藤達哉(横浜)②	石井琢朗(横浜)②	石井琢朗(横浜)①
L《レオ》・ゴメス(中日)②	進藤達哉(横浜)③	石井琢朗(横浜)③	宮本慎也(ヤクルト)②
江藤智(巨人)⑥	岩村明憲(ヤクルト)①	石井琢朗(横浜)④	宮本慎也(ヤクルト)③
江藤智(巨人)⑦	岩村明憲(ヤクルト)②	石井琢朗(横浜)⑤	宮本慎也(ヤクルト)④
岩村明憲(ヤクルト)①	岩村明憲(ヤクルト)③	井端弘和(中日)①	宮本慎也(ヤクルト)⑤
鈴木健(ヤクルト)①	立浪和義(中日)①	二岡智宏(巨人)①	宮本慎也(ヤクルト)⑥
立浪和義(中日)①	岩村明憲(ヤクルト)④	井端弘和(中日)②	井端弘和(中日)①
今岡誠(阪神)①	岩村明憲(ヤクルト)⑤	井端弘和(中日)③	井端弘和(中日)②
岩村明憲(ヤクルト)②	岩村明憲(ヤクルト)⑥	井端弘和(中日)④	井端弘和(中日)③
小笠原道大(巨人)①	中村紀洋(中日)①	井端弘和(中日)⑤	井端弘和(中日)④
村田修一(横浜)①	中村紀洋(中日)②	鳥谷敬(阪神)①	井端弘和(中日)⑤
小笠原道大(巨人)②	宮本慎也(ヤクルト)①	坂本勇人(巨人)①	井端弘和(中日)⑥
森野将彦(中日)①	宮本慎也(ヤクルト)②	鳥谷敬(阪神)②	梵英心(広島)①
宮本慎也(ヤクルト)①	宮本慎也(ヤクルト)③	鳥谷敬(阪神)③	鳥谷敬(阪神)①
村田修一(巨人)②	宮本慎也(ヤクルト)④	坂本勇人(巨人)②	井端弘和(中日)⑦
村田修一(巨人)③	村田修一(巨人)①	鳥谷敬(阪神)④	鳥谷敬(阪神)②
ルナ(中日)①	村田修一(巨人)②	鳥谷敬(阪神)⑤	鳥谷敬(阪神)③
川端慎吾(ヤクルト)①	川端慎吾(ヤクルト)①	鳥谷敬(阪神)⑥	鳥谷敬(阪神)④
村田修一(巨人)④	村田修一(巨人)③	坂本勇人(巨人)③	坂本勇人(巨人)①
宮﨑敏郎(DeNA)①	鳥谷敬(阪神)①	田中広輔(広島)①	坂本勇人(巨人)②
宮﨑敏郎(DeNA)②	宮﨑敏郎(DeNA)①	坂本勇人(巨人)④	田中広輔(広島)①

パ・リーグ内野手部門　ゴールデングラブ賞&ベストナイン歴代受賞者一覧

二塁手		一塁手		年度
ベストナイン	ゴールデングラブ賞	ベストナイン	ゴールデングラブ賞	
基　満男(西鉄)①	大下剛史(東映)①	大杉勝男(東映)⑤	大杉勝男(東映)①	1972
桜井輝秀(南海)①	桜井輝秀(南海)①	加藤秀司※(阪急)①	ジョーンズ(南海)①	1973
山崎裕之(ロッテ)④	桜井輝秀(南海)②	ジョーンズ(近鉄)①	パーカー(南海)①	1974
マルカーノ(阪急)①	マルカーノ(阪急)①	加藤秀司(阪急)②	加藤秀司(阪急)①	1975
吉岡　悟(太平洋)①	マルカーノ(阪急)②	加藤秀司(阪急)③	加藤秀司(阪急)②	1976
マルカーノ(阪急)②	山崎裕之(ロッテ)①	加藤秀司(阪急)④	加藤秀司(阪急)③	1977
マルカーノ(阪急)③	マルカーノ(阪急)③	柏原純一(日本ハム)①	柏原純一(日本ハム)①	1978
マルカーノ(阪急)④	マルカーノ(阪急)④	加藤英司※(阪急)⑤	柏原純一(日本ハム)②	1979
山崎裕之(西武)⑤	山崎裕之(西武)②	レオン(ロッテ)①	小川　亨(近鉄)①	1980
落合博満(ロッテ)①	山崎裕之(西武)③	柏原純一(日本ハム)②	柏原純一(日本ハム)③	1981
落合博満(ロッテ)②	大石大二郎※(近鉄)①	柏原純一(日本ハム)③	柏原純一(日本ハム)④	1982
大石大二郎(近鉄)①	大石大二郎(近鉄)②	落合博満(ロッテ)①	片平晋作(西武)①	1983
大石大二郎(近鉄)②	大石大二郎(近鉄)③	ブーマー(阪急)①	山本功児(ロッテ)①	1984
西村徳文(ロッテ)①	西村徳文(ロッテ)①	デービス(近鉄)①	山本功児(ロッテ)②	1985
辻　発彦(西武)①	辻　発彦(西武)①	ブーマー(阪急)②	ブーマー(阪急)①	1986
白井一幸(日本ハム)①	白井一幸(日本ハム)①	ブーマー(阪急)③	ブーマー(阪急)②	1987
福良淳一(阪急)①	辻　発彦(西武)②	清原和博(西武)①	清原和博(西武)①	1988
辻　発彦(西武)②	辻　発彦(西武)③	ブーマー(オリックス)④	愛甲　猛(ロッテ)①	1989
大石第二朗※(近鉄)③	辻　発彦(西武)④	清原和博(西武)②	清原和博(西武)②	1990
辻　発彦(西武)③	辻　発彦(西武)⑤	トレーバー(近鉄)①	トレーバー(近鉄)①	1991
辻　発彦(西武)④	辻　発彦(西武)⑥	清原和博(西武)③	清原和博(西武)③	1992
辻　発彦(西武)⑤	辻　発彦(西武)⑦	石井浩郎(近鉄)①	清原和博(西武)④	1993
福良淳一(オリックス)②	辻　発彦(西武)⑧	石井浩郎(近鉄)②	清原和博(西武)⑤	1994
小久保裕紀(ダイエー)①	小久保裕紀(ダイエー)①	フランコ(ロッテ)①	フランコ(ロッテ)①	1995
大島公一(オリックス)①	大島公一(オリックス)①	片岡篤史(日本ハム)①	片岡篤史(日本ハム)①	1996
小久保裕紀(ダイエー)②	大島公一(オリックス)②	クラーク(近鉄)①	髙木大成(西武)①	1997
フランコ(ロッテ)①	金子　誠(日本ハム)①	クラーク(近鉄)②	髙木大成(西武)②	1998
金子　誠(日本ハム)①	金子　誠(日本ハム)②	小笠原道大(日本ハム)①	小笠原道大(日本ハム)①	1999
大島公一(オリックス)②	大島公一(オリックス)③	松中信彦(ダイエー)①	小笠原道大(日本ハム)②	2000
井口資仁(日本ハム)①	井口資仁(ダイエー)①	小笠原道大(日本ハム)②	小笠原道大(日本ハム)③	2001
高木浩之(西武)①	高木浩之(西武)①	カブレラ(西武)①	小笠原道大(日本ハム)④	2002
井口資仁(ダイエー)②	井口資仁(ダイエー)②	松中信彦(ダイエー)②	福浦和也(ロッテ)①	2003
井口資仁(ダイエー)③	井口資仁(ダイエー)③	松中信彦(ダイエー)③	松中信彦(ダイエー)①	2004
堀　幸一(ロッテ)①	西岡　剛※(ロッテ)①	ズレータ(ソフトバンク)①	福浦和也(ロッテ)②	2005
田中賢介(日本ハム)①	田中賢介(日本ハム)①	小笠原道大(日本ハム)③	小笠原道大(日本ハム)⑤	2006
田中賢介(日本ハム)②	田中賢介(日本ハム)②	カブレラ(西武)②	福浦和也(ロッテ)③	2007
片岡易之(西武)①	田中賢介(日本ハム)③	カブレラ(オリックス)③	カブレラ(オリックス)①	2008
田中賢介(日本ハム)③	田中賢介(日本ハム)④	高橋信二(日本ハム)①	高橋信二(日本ハム)①	2009
田中賢介(日本ハム)④	田中賢介(日本ハム)⑤	カブレラ(オリックス)④	小久保裕紀(ソフトバンク)①	2010
本多雄一(ソフトバンク)①	本多雄一(ソフトバンク)①	小久保裕紀(ソフトバンク)①	小久保裕紀(ソフトバンク)②	2011
田中賢介(日本ハム)⑤	本多雄一(ソフトバンク)②	李《イ》　大浩《デホ》(オリックス)①	稲葉篤紀(日本ハム)①	2012
藤田一也(楽天)①	藤田一也(楽天)①	浅村栄斗(西武)①	浅村栄斗(西武)①	2013
藤田一也(楽天)②	藤田一也(楽天)②	メヒア(西武)①	T－岡田(オリックス)①	2014
田中賢介(日本ハム)⑥	クルーズ(ロッテ)①	中田　翔(日本ハム)①	中田　翔(日本ハム)①	2015
浅村栄斗(西武)①	藤田一也(楽天)③	中田　翔(日本ハム)②	中田　翔(日本ハム)②	2016
浅村栄斗(西武)②	鈴木大地(ロッテ)①	銀　次(楽天)①	銀　次(楽天)①	2017
浅村栄斗(西武)③	中村奨吾(ロッテ)①	山川穂高(西武)①	中田　翔(日本ハム)③	2018

*○囲みの数字は同一リーグ・同一ポジションでの受賞回数。1972～85年のゴールデングラブ賞は「ダイヤモンドグラブ賞」の名称。ベストナインは1972年以降の受賞者のみ掲載

三塁手		遊撃手	
ベストナイン	ゴールデングラブ賞	ベストナイン	ゴールデングラブ賞
有藤通世(ロッテ)④	有藤通世※(ロッテ)①	大橋穣(阪急)①	大橋穣(阪急)①
有藤通世(ロッテ)⑤	有藤通世(ロッテ)②	大橋穣(阪急)②	大橋穣(阪急)②
有藤通世(ロッテ)⑥	有藤通世(ロッテ)③	大橋穣(阪急)③	大橋穣(阪急)③
有藤道世(ロッテ)⑦	有藤道世※(ロッテ)④	大橋穣(阪急)④	大橋穣(阪急)④
藤原満(南海)①	藤原満(南海)①	大橋穣(阪急)⑤	大橋穣(阪急)⑤
有藤道世(ロッテ)⑧	島谷金二(阪急)①	石渡茂(近鉄)①	大橋穣(阪急)⑥
島谷金二(阪急)①	島谷金二(阪急)②	真弓明信(クラウン)①	大橋穣(阪急)⑦
島谷金二(阪急)②	島谷金二(阪急)③	石渡茂(近鉄)②	高代延博(日本ハム)①
有藤道世(ロッテ)⑨	羽田耕一(近鉄)①	高代延博(日本ハム)①	水上善雄(ロッテ)①
有藤道世(ロッテ)⑩	藤原満(南海)②	石毛宏典(西武)①	石毛宏典(西武)①
スティーブ(西武)①	古屋英夫(日本ハム)①	石毛宏典(西武)②	石毛宏典(西武)②
スティーブ(西武)②	古屋英夫(日本ハム)②	石毛宏典(西武)③	石毛宏典(西武)③
落合博満(ロッテ)①	松永浩美(阪急)①	弓岡敬二郎(阪急)①	弓岡敬二郎(阪急)①
落合博満(ロッテ)②	古屋英夫(日本ハム)③	石毛宏典(西武)④	石毛宏典(西武)④
落合博満(ロッテ)③	古屋英夫(日本ハム)④	石毛宏典(西武)⑤	石毛宏典(西武)⑤
石毛宏典(西武)①	石毛宏典(西武)①	水上善雄(ロッテ)①	弓岡敬二郎(阪急)②
松永浩美(阪急)①	石毛宏典(西武)②	田中幸雄(日本ハム)①	田中幸雄(日本ハム)①
松永浩美(オリックス)②	松永浩美(オリックス)②	田辺徳雄(西武)①	田辺徳雄(西武)①
松永浩美(オリックス)③	松永浩美(オリックス)③	田中幸雄(日本ハム)②	田中幸雄(日本ハム)②
松永浩美(オリックス)④	石毛宏典(西武)③	小川博文(オリックス)①	田中幸雄(日本ハム)③
石毛宏典(西武)②	石毛宏典(西武)④	田辺徳雄(西武)②	田辺徳雄(西武)②
石毛宏典(西武)③	石毛宏典(西武)⑤	広瀬哲朗(日本ハム)①	広瀬哲朗(日本ハム)①
松永浩美(ダイエー)⑤	松永浩美(ダイエー)④	広瀬哲朗(日本ハム)②	広瀬哲朗(日本ハム)②
初芝清(ロッテ)①	馬場敏史(オリックス)①	田中幸雄(日本ハム)③	田中幸雄(日本ハム)④
中村紀洋(近鉄)①	馬場敏史(オリックス)②	田中幸雄(日本ハム)④	田中幸雄(日本ハム)⑤
鈴木健(西武)①	片岡篤史(日本ハム)①	松井稼頭央(西武)①	松井稼頭央(西武)①
片岡篤史(日本ハム)①	片岡篤史(日本ハム)②	松井稼頭央(西武)②	松井稼頭央(西武)②
中村紀洋(近鉄)②	中村紀洋(近鉄)①	松井稼頭央(西武)③	小坂誠(ロッテ)①
中村紀洋(近鉄)③	中村紀洋(近鉄)②	松井稼頭央(西武)④	小坂誠(ロッテ)②
中村紀洋(近鉄)④	中村紀洋(近鉄)③	松井稼頭央(西武)⑤	小坂誠(ロッテ)③
中村紀洋(近鉄)⑤	中村紀洋(近鉄)④	松井稼頭央(西武)⑥	松井稼頭央(西武)③
小笠原道大(日本ハム)①	小笠原道大(日本ハム)①	松井稼頭央(西武)⑦	松井稼頭央(西武)④
小笠原道大(日本ハム)②	中村紀洋(近鉄)⑤	川﨑宗則(ダイエー)①	川﨑宗則(ダイエー)①
今江敏晃(ロッテ)①	今江敏晃(ロッテ)①	西岡剛(ロッテ)①	小坂誠(ロッテ)④
フェルナンデス(楽天)①	今江敏晃(ロッテ)②	川﨑宗則(ソフトバンク)②	川﨑宗則(ソフトバンク)②
ラロッカ(オリックス)①	今江敏晃(ロッテ)③	TSUYOSHI(ロッテ)②	TSUYOSHI※(ロッテ)①
中村剛也(西武)①	今江敏晃(ロッテ)④	中島裕之(西武)①	中島裕之(西武)①
中村剛也(西武)②	小谷野栄一(日本ハム)①	中島裕之(西武)②	金子誠(日本ハム)①
小谷野栄一(日本ハム)①	小谷野栄一(日本ハム)②	西岡剛(ロッテ)③	西岡剛(ロッテ)②
中村剛也(西武)③	松田宣浩(ソフトバンク)①	中島裕之(西武)③	中島裕之(西武)②
中村剛也(西武)④	小谷野栄一(日本ハム)③	中島裕之(西武)④	中島裕之(西武)③
マギー(楽天)①	松田宣浩(ソフトバンク)②	鈴木大地(ロッテ)①	今宮健太(ソフトバンク)①
銀次(楽天)①	松田宣浩(ソフトバンク)③	今宮健太(ソフトバンク)①	今宮健太(ソフトバンク)②
中村剛也(西武)⑤	松田宣浩(ソフトバンク)④	中島卓也(日本ハム)①	今宮健太(ソフトバンク)③
レアード(日本ハム)①	松田宣浩(ソフトバンク)⑤	鈴木大地(ロッテ)②	今宮健太(ソフトバンク)④
ウィーラー(楽天)①	松田宣浩(ソフトバンク)⑥	今宮健太(ソフトバンク)②	今宮健太(ソフトバンク)⑤
松田宣浩(ソフトバンク)①	松田宣浩(ソフトバンク)⑦	源田壮亮(西武)①	源田壮亮(西武)①

※有藤道世＝有藤通世、加藤英司＝加藤秀司、大石第二朗＝大石大二郎、SHINJO＝新庄剛志、TSUYOSHI＝西岡剛

年度別打撃成績(一軍)

※太字はリーグ最高、カッコ内は故意四球(敬遠)

年度	チーム	試合	打席	打数	得点	安打	二塁打	三塁打	本塁打	塁打	打点	盗塁	盗塁刺	犠打	犠飛	四球	死球	三振	併殺打	打率	出塁率	長打率
1998	中日	18	60	49	2	12	1	0	0	13	2	4	0	4	0	6	1	8	0	.245	.339	.265
2000	中日	92	270	242	35	74	7	0	3	90	16	6	8	8	2	16	2	22	1	.306	.351	.372
2001	中日	**140**	625	531	53	139	25	3	1	173	32	14	**12**	37	2	49(2)	6	60	10	.262	.330	.326
2002	中日	135	596	531	67	154	25	1	4	193	25	6	9	6	0	53(1)	6	77	11	.290	.361	.363
2003	中日	105	447	386	44	103	14	0	5	132	27	5	3	30	1	28	2	50	9	.267	.319	.342
2004	中日	**138**	642	562	81	170	30	2	6	222	57	21	10	**18**	3	54	5	74	16	.302	.367	.395
2005	中日	**146**	659	560	87	181	22	5	6	231	63	22	8	19	2	72(3)	6	77	11	.323	.405	.412
2006	中日	**146**	666	573	97	162	19	2	8	209	48	17	12	27	1	61	4	72	13	.283	.355	.365
2007	中日	**144**	**665**	588	87	174	34	4	5	231	45	23	6	8	1	63(1)	5	74	13	.296	.368	.393
2008	中日	106	466	408	51	113	16	3	5	150	23	8	3	16	2	37(1)	3	56	7	.277	.340	.368
2009	中日	**144**	**657**	569	80	174	24	2	5	217	39	13	7	8	2	72	6	66	13	.306	.388	.381
2010	中日	53	212	180	18	47	6	0	0	53	16	0	0	6	2	21(1)	3	28	13	.261	.345	.294
2011	中日	104	434	376	28	88	9	1	1	102	29	3	3	31	2	25(1)	0	53	10	.234	.280	.271
2012	中日	140	553	489	35	139	17	0	2	162	35	4	4	8	1	52(2)	3	58	14	.284	.356	.331
2013	中日	100	376	326	30	77	9	0	1	89	18	0	2	8	0	38	4	51	13	.236	.323	.273
2014	巨人	87	187	164	16	42	3	0	3	54	16	0	0	4	1	18	0	24	11	.256	.328	.329
2015	巨人	98	321	269	20	63	9	0	1	75	19	3	3	10	2	37	3	36	4	.234	.331	.279
通算		1896	7836	6803	831	1912	270	23	56	2396	510	149	90	248	24	702(12)	59	886	169	.281	.352	.352

年度別守備成績(一軍)

※太字はリーグ最高

年度	一塁						二塁						三塁						遊撃						外野					
	試合	刺殺	補殺	失策	併殺	守備率	試合	刺殺	補殺	失策	併殺	守備率	試合	刺殺	補殺	失策	併殺	守備率	試合	刺殺	補殺	失策	併殺	守備率	試合	刺殺	補殺	失策	併殺	守備率
1998							6	5	10	1	2	.938							12	23	34	0	10	1.000						
2000							23	15	22	0	7	1.000	2	2	3	0	0	1.000	51	70	122	5	16	.975	21	18	0	1	0	.947
2001							15	9	10	0	3	1.000							134	193	381	4	66	**.993**	11	16	2	0	0	1.000
2002																			134	**237**	387	6	69	**.990**						
2003																			104	150	319	2	62	**.996**						
2004																			**138**	**213**	**472**	4	90	**.994**						
2005																			**146**	204	**480**	5	**97**	.993						
2006													2	0	0	0	0	—	**146**	**242**	475	4	77	**.994**						
2007																			**144**	222	**465**	6	97	**.991**						
2008																			106	139	311	8	50	**.983**						
2009																			**144**	218	**477**	8	**92**	.989						
2010							45	114	114	1	27	.996							8	15	18	2	1	.943						
2011							102	260	328	5	54	.992	2	1	2	0	0	1.000												
2012																			140	186	450	4	**94**	**.994**						
2013							2	1	3	0	0	1.000							93	118	248	6	40	.984						
2014	14	36	2	0	7	1.000	42	84	84	1	21	.994	16	4	7	0	0	1.000	14	9	18	0	4	1.000						
2015	26	154	10	1	9	.994	33	63	55	1	10	.992	39	23	35	2	2	.967	11	11	28	1	4	.975						
通算	40	190	12	1	16	.995	268	551	626	9	124	.992	61	30	47	2	2	.975	1525	2250	4685	65	869	.991	32	34	2	1	0	.973

表　彰

- ベストナイン:5回(2002、2004〜2007年)
- ゴールデングラブ賞:7回(2004〜2009、2012年)
- オールスターゲーム優秀選手賞:1回(2007年第2戦)
- オールスターゲームベストバッター賞:1回(2009年第2戦)
- アジアシリーズMVP:1回(2007年)
- WBC(ワールド・ベースボール・クラシック)2次ラウンドMVP(2013年)
- WBCベストナイン(指名打者部門／2013年)

主な個人記録

- オールスターゲーム出場:8回
  (2001、2002、2005、2007〜2011年)
- サイクルヒット:2002年9月21日
  対横浜25回戦(ナゴヤドーム)
  ※史上53人目

［著者プロフィール］

井端弘和　Hirokazu Ibata

1975年5月12日生まれ、神奈川県川崎市出身。堀越高校－亜細亜《あじあ》大学－中日ドラゴンズ（98～2013年）－読売ジャイアンツ（14～15年）。堀越高校で、2年春、3年夏の甲子園に出場。亜細亜大学では、東都大学1部リーグで3季連続ベストナインに選出される。97年オフのドラフトで中日から5位指名を受け、入団。4年目の01年にショートのレギュラーに定着し、全試合に出場。選手会長に就任した04年には、規定打席で初の打率3割にベストナインとゴールデングラブ賞を受賞する活躍で、チームをセ・リーグ優勝に導いた。二遊間を組む荒木雅博選手とのコンビは「アライバ」と呼ばれ、その鉄壁《てっぺき》の守備が多くのファンを魅了する。13年のWBC（ワールド・ベースボール・クラシック）では、2次ラウンドのチャイニーズタイペイ（台湾）戦で、9回二死2ストライクから起死回生の同点タイムリーを放つなど抜群の勝負強さを発揮し、DH（指名打者）部門の大会ベストナインにも選ばれた。13年オフに、巨人へ移籍。内野の複数ポジションをこなすが、15年シーズンをもって現役を引退。通算成績は、1896試合出場、打率.281、ベストナイン5回（02、04～07年。すべてショート）、ゴールデングラブ賞7回（04～09、12年。同）。引退後の16～18年は、巨人の内野守備・走塁コーチとして後進の指導にあたった。17年の「アジア プロ野球チャンピオンシップ」から、日本代表「侍ジャパン」の内野守備・走塁コーチを務める（19年からは、強化本部編成戦略担当も兼務）。また現在は、解説者としても活躍中。独自の視点からのコメントが好評を博している。

［対談パートナー プロフィール］

鳥谷 敬　Takashi Toritani

1981年6月26日生まれ、東京都東村山市出身。聖望《せいぼう》学園高校－早稲田《わせだ》大学－阪神タイガース（2004年～）。03年オフのドラフトの自由獲得枠で阪神へ入団。巧打や堅守で長らくチームを牽引《けんいん》している。時には骨折などのケガを押してまで出場を続ける「鉄人」ぶりで、ルーキーイヤーの04年9月9日から18年5月27日までの公式戦1939試合連続出場は、日本プロ野球歴代2位の記録。12年3月30日から16年7月23日までの667試合連続フルイニング出場は、歴代4位（遊撃手としては、歴代1位）。最高出塁率1回（11年）、ベストナイン6回（08、10、11、13～15年。すべてショート）、ゴールデングラブ賞5回（11、13～15年がショート、17年がサード）。また、13年のWBCでは、井端の同点打を呼ぶ二盗を成功させた。17年9月8日に、通算2000安打を達成。19年は、プロ16年目のシーズンを迎えている。

MASTERS METHOD

内野守備の新常識

4ポジションの鉄則・逆説&バッテリー・外野・攻撃との関係

2019年8月15日　第1版第1刷
2021年7月21日　第1版第4刷

著者	井端弘和
対談協力	鳥谷敬　株式会社 阪神タイガース
企画・プロデュース	寺崎江月（株式会社 no.1）
構成	菊地高弘
撮影	石川耕三（私服・対談写真など）
写真協力	産経新聞社・スポーツニッポン新聞社・Getty Images（本文ユニフォーム写真など）
装丁・本文デザイン	大坂智（PAIGE）
デザイン協力	南千賀
DTP	株式会社 三協美術
編集協力	長岡伸治（株式会社 プリンシパル）　浅野博久（株式会社ギグ） 根本明　松本恵
編集	岩崎隆宏（廣済堂出版）
発行者	伊藤岳人
発行所	株式会社 廣済堂出版 〒101-0052 東京都千代田区神田小川町2-3-13 M&Cビル7F 電 話　編集 03-6703-0964／販売 03-6703-0962 FAX　販売 03-6703-0963 振 替　00180-0-164137 URL　http://www.kosaido-pub.co.jp
印刷所・製本所	株式会社 廣済堂

ISBN978-4-331-52238-7 C0075

廣済堂出版の野球関連書籍　好評既刊

マスターズメソッド シリーズ

攻撃的守備の極意
ポジション別の鉄則&打撃にも生きるヒント

立浪和義 著

3ポジションでゴールデングラブ賞の著者の守備論。宮本慎也と対談。

長打力を高める極意
強く飛ばすプロの技術&投手・球種別の攻略法

立浪和義 著

日本プロ野球最多二塁打記録保持者の長打論。高橋由伸との対談つき。

二遊間の極意
コンビプレー・併殺の技&他選手・攻撃との関係性

立浪和義 著

二遊間などで活躍した著者。菊池涼介、今宮健太、井端弘和との対談も。

野球センスの極意
走攻守・バッテリー能力&マルチなセンスの磨き方

立浪和義 著

「野球センス」が代名詞の著者。鈴木誠也、金子千尋、赤星憲広と対談。

打撃力アップの極意
技術・メンタルの高め方&打撃開眼・投手攻略の秘策

立浪和義 著

様々な歴代打撃記録で上位の著者のバッティング論。坂本勇人と対談。

頭脳の盗塁術
走りのプロの技術・戦略&バッテリーとの心理戦対策

赤星憲広 著

プロ入り5年連続盗塁王が、頭で走る盗塁術を公開。西川遥輝と対談。

ただジャイアンツのために
非エリートからの栄光&チーム論・8回の抑え方

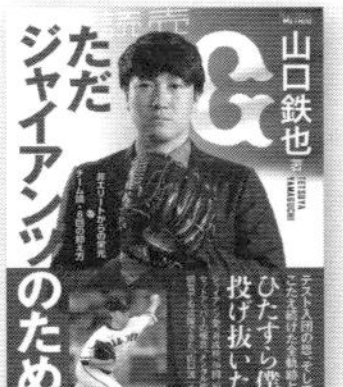

山口鉄也 著

育成出身で投げ続けた中継ぎ左腕が語る半生、巨人愛、仲間、投球術。

メッセージBOOKシリーズ

山口鉄也 メッセージBOOK ―鋼《はがね》の心―

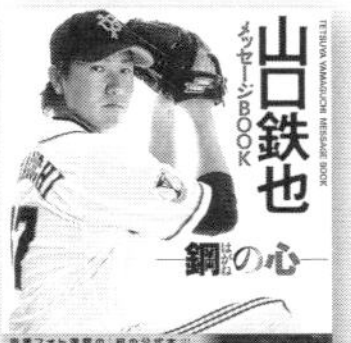

山口鉄也 著

29歳のときに語った初の著書。弱い鉄から強い鋼《はがね》へと成長した物語。

廣済堂新書

待つ心、瞬間の力
阪神の「代打の神様」だけが知る勝負の境目

桧山進次郎 著

重要な場面で能力を発揮する方法、あせらず一瞬に備えるメンタル術。

廣済堂出版の野球関連書籍　好評既刊

メッセージBOOK シリーズ

野村祐輔 メッセージBOOK

—未来を描く—
野村祐輔 著
「なりたい自分」を
イメージして実現する。

菊池涼介 丸佳浩 メッセージBOOK

—キクマル魂《だましい》—
菊池涼介　丸佳浩 著
2人のコンビプレー&
情熱の力は無限大!
コンビスペシャル

プロフェッショナルバイブル シリーズ

異次元へ

型破りの守備・攻撃&
メンタル追求バイブル
菊池涼介 著
規格外プレーの技術解説に、
チーム論&メンタル術!

コントロールする力

心と技の精度
アップバイブル
杉内俊哉 著
精神力とスキルを
高める新思考法。

陽岱鋼 メッセージBOOK

—陽思考—
陽岱鋼 著
「陽流プラス思考」の
すべてを公開。

矢野謙次 メッセージBOOK

—自分を超える—
矢野謙次 著
「正しい努力」をすれば、
へたでも進化できる!

長野久義 メッセージBOOK

—信じる力—
長野久義 著
思いを貫く
野球人生の哲学。

大瀬良大地 メッセージBOOK

—大地を拓《ひら》く—
大瀬良大地 著
たとえ困難な道でも、
自らの可能性を開拓!

小川泰弘 メッセージBOOK

—ライアン流—
小川泰弘 著
学んだフォーム&
独自のスタイル。

源田壮亮 メッセージBOOK

—出会い力—
源田壮亮 著
出会いによって、
生み出される力。

西川遥輝 メッセージBOOK

—ONE OF A KIND—
唯一無二の存在
西川遥輝 著
誰とも似ていない
「自分」を目指して。

中島卓也 メッセージBOOK

—思いは届く—
中島卓也 著
頑張れば人は見ていて
チャンスが広がる!

伊藤光 メッセージBOOK

—クールに熱く—
伊藤光 著
冷静な頭脳で、
勝負に燃える!

森福允彦 メッセージBOOK

—気持ちで勝つ!—
森福允彦 著
ピンチに打ち勝つ
強さの秘密。

松田宣浩 メッセージBOOK

—マッチアップ—
松田宣浩 著
理想・苦難と向き合い、
マッチアップした軌跡。

平田良介 メッセージBOOK

—自然体主義—
平田良介 著
「自分らしさ」が
「勝負強さ」を生む。